Sabrina Kowsky

Alaskan Malamute
- Ein kompakter Ratgeber zur sanften Erziehung,
Haltung, Fütterung und Pflege -

Sabrina Kowsky

Alaskan Malamute

- Ein kompakter Ratgeber zur sanften Erziehung, Haltung, Fütterung und Pflege -

worthandel : verlag

Inhaltsverzeichnis

1. **Aufräumen mit Vorurteilen** 9
2. **Geschichte, Merkmale und Rassestandard** 12
   - 2.1. Geschichte und Merkmale 12
   - 2.2 Der FCI-Standard des Alaskan Malmute 14
3. **Grundsätzliches über Hunde** 23
   - 3.1. Wie? Was? Warum? 23
   - 3.2. Calming Signals oder Beschwichtigungssignale ... 25
     - Lecken der Nase / Züngeln 26
     - Den Kopf zur Seite drehen 26
     - Gähnen 26
     - Verlangsamung von Bewegungen 26
     - Einen Bogen laufen 26
     - Splitten 26
     - Pinkeln 27
     - Ohren anlegen 27
   - 3.3. Die Stimme 30
   - 3.4. Das richtige Timing 31
   - 3.5. Zuviel Lob 33
   - 3.6. Desire to please 34
   - 3.7. „Fetisch" 36
   - 3.8. Körperhaltung und Körperspannung 37
   - 3.9. Aversiv oder Positiv? 38
4. **Persönliche Voraussetzungen** 43
   - 4.1. Leben in der Stadt 44
   - 4.2. Wohnung, Garten, Zwinger 45
   - 4.3. Der Malamute als Einzelhund 47
   - oder Zweithund 47
5. **Die Wahl des Hundes** 50
   - HD (Hüftdysplasie oder Hüftgelenksdysplasie) 50
   - PRA 51

Katarakt (Grauer Star) 51
ED (Ellbogendysplasie) 51
5.1. Vom Züchter 53
5.1.1. Showhund oder Leistungshund? 54
5.2. Aus dem Tierheim 55
5.3. Von Privat 56

6. Vor dem Kauf 58
Worauf muss ich achten? 58
6.1. Die Wohnung 58
welpengerecht gestalten 58

7. Den Welpen holen 62
7.1. Die erste Autofahrt 62
7.2. Der erste Tag und 64
die erste Nacht im neuen Heim 64
7.3. Der erste Spaziergang 68
7.4. Das Geschirr anlegen 71

8. Ernährung 72
8.1. Bindung ist das A & O 72
8.2. Das beste Futter 72
8.2.2. Was ist B.A.R.F? 78
8.2.3. Vor- und Nachteile des Barfens 78

9. Erziehung 84
9.1. Erziehungsgrundlagen 84
9.2. Alphawurf und
sanfter Alphawurf 86
9.3. Alleinbleiben 87
9.4. Autofahren 88
9.5. Hilfsmittel 89
9.6. Die wichtigsten Kommandos 89
„Sitz!" 91
„Platz!" 91
„Komm!" oder „Hier!" 92
„Bleib!" und Distanzkontrolle 95
„Stop!" 96

10. Pflege und Erkrankungen 97
10.1. Rassetypische Krankheiten 97
10.1.1. Zinkreaktive Dermatitis 97
10.1.2. Demodikose 98
10.1.3. Hypothyreose - 99
Unterfunktion der Schilddrüse 99
10.2. Kleinere Verletzungen 100
10.3. Erste Hilfe 101
10.4. Wiederbelebung 104
10.5. Schock 105
10.6. Kastration und Sterilisation 106
10.7. Impfungen 108

11. Der Malamute und die Jahreszeiten 113

12. Die richtige Auslastung 116
12.1. Fahrrad 118
12.2. Trainingswagen 123
12.3. Schlitten 124
12.4. Agility 125

13. Begegnungen 132
13.1. Fremde Menschen 132
13.2. Fremde Hunde 134

14. Den Hund als Tier verstehen - Verhaltensweisen 139
14.1. Aggressionsformen und
was ist Aggression überhaupt? 139
14.1.1. Verdeckte Aggression 140
14.1.2. Offene Aggression 141
14.1.2.1. Die verschiedenen Arten 142
der offenen Aggression 142
14.2. Ist ein dominanter
Hund aggressiv? 144
14.3. Triebe und 145
Übersprungshandlungen 145

14.4. Stufen von Drohung 147
und Eskalation 147
14.5. Verschiedene Kampfarten 148
14.6. Paniker, ängstlicher Hund
& Kontrolleur 149

15. Verhaltensprobleme und deren konkrete Lösungen 151

15.1. Kinder und Hund 151
15.2. Leinenaggression 154
15.3. Raum verlassen, ... 155
Befehl gilt nicht mehr 155
.... 155
15.4. An der Leine gehen klappt nicht 156
15.5. Anspringen 157
15.6. Hund reagiert aggressiv auf jüngere Hunde 158
15.7. Im Spiel ist der Hund 160
nicht abrufbar 160
15.8. Welpe schnappt 161
nach mir beim Spielen 161
15.9. Malamute und andere Haustiere 162

16. Starkzwang, Anti-Jagd-Training und Begleithundeprüfung 163

16.1. Starkzwang 163
16.2. Anti-Jagd-Training 163
16.3. Begleithundeprüfung 165

17. Die richtige Hundeschule/Hundetrainer und was Sie beachten sollten 167

18. Über die Autorin 173

19. Schlusswort 175

20. Literaturnachweise 176

1. Aufräumen mit Vorurteilen

Liebe Leserin, Lieber Leser,

haben Sie auch gehört oder gelesen, dass ein Alaskan Malamute einer der am schwersten zu erziehenden Hunde ist? Dass er nicht ohne Leine geführt werden kann, weil er sofort weglaufen würde, da sein Jagdtrieb so stark ist? Dass er aggressiv gegenüber anderen Hunden ist, furchtbar stur und nur tut, was er will, aber nie, was Sie wollen? Dass er „wild" bleiben muss?

Vergessen Sie das! Schieben Sie alles beiseite, was Sie jemals über den Malamute oder nordische Schlittenhunde gehört haben und öffnen Sie sich für eine faszinierende Rasse!

Dazu möchte ich Ihnen eine Geschichte erzählen: Einmal war ich mit meinen Malamuten unterwegs. Ich fuhr mit dem Fahrrad einen Feldweg entlang, während die Hunde neben mir liefen. Wenige Meter vor uns sprang ein Hase aus dem Feld, blieb die halbe Strecke vor uns und hoppelte seelenruhig weiter, bevor er schließlich wieder im Feld verschwand.
Natürlich waren die Hunde zuerst unruhig, quietschten, weil sie dem Hasen nach wollten, aber sie erhielten einen Befehl und blieben konsequent bei Fuß.
Das ist kein Kunststück. Ein Malamute kann genauso erzogen werden wie jeder andere Hund, sogar Agility oder eine Ausbildung zum Rettungs-, oder Polizeihund ist möglich.
Sie werden sich fragen, warum dann selten Malamuten bei solchen Sportarten zu sehen sind? Die Erziehung eines Malamuten benötigt schlicht und einfach erheblich mehr Konsequenz als bei jedem anderen „normalen" Haushund und das

ist immer verbunden mit viel Arbeit. Dies ist auch das ganze Geheimnis.

In diesem Fall ist Konsequenz jedoch nicht gleichzusetzen mit Härte. Sie brauchen Ihren Hund nicht zu prügeln, oder ihn mit Schmerz gefügig zu machen, wichtig ist lediglich, dass Sie immer zu Ihren Befehlen stehen. „Sitz!" heißt „Sitz!" und nichts anderes.

Natürlich ist ein Malamute ein Sturkopf und manches Mal wird er Ihren Befehl ignorieren, weil er etwas Wichtigeres entdeckt hat oder einfach im Moment nicht folgen will. Das heißt nicht, dass Ihr Hund Sie absichtlich ärgert, er hat eben ein Sturkopf und Sie brauchen ihm nur zu zeigen, dass Sie sturer sind als er.

So einfach es klingt, so kompliziert mag Ihnen jetzt gerade die Umsetzung vorkommen, aber verzweifeln Sie nicht, denn dieses Buch soll Ihnen eine Hilfe sein und Sie unterstützen.

Dieses Buch soll Ihnen helfen, Ihren Malamuten zu verstehen, zu erziehen und mit ihm zu arbeiten. Vom Welpen, über den Junghund bis zum erwachsenen Malamuten.

Ich werde Ihnen erklären, wie Sie Ihrem Hund das Zugtraining und andere Methoden zur richtigen Auslastung beibringen können, selbst wenn es Ihnen nicht möglich sein sollte, im Winter mit einem Hundeschlitten unterwegs zu sein. Tipps und Tricks, die mein Mann und ich bei unseren eigenen Malamuten anwenden und vieles mehr, um mit Ihrem Hund glücklich zu werden.

Es wäre eine Lüge, würde ich behaupten, dass es keine oder kaum Zeit braucht. Jeder Hund macht Arbeit, aber er dankt es Ihnen auch.

Und glauben Sie mir: Es lohnt sich. Wenn Sie das erste Mal, z.B. auf dem Fahrrad sitzen und Ihren Hund vorne anfeuern, während er Sie durch die Gegend zieht und Sie später sehen, wie er glücklich und zufrieden zu Ihren Füßen schläft – dann werden Sie verstehen, was ich meine.

Noch ein Hinweis: Lesen Sie sich dieses Buch komplett und in Ruhe durch, nicht alles auf einmal, sondern lassen Sie jedes Kapitel einzeln auf sich wirken. So verstehen Sie auch das Wesen Ihres Hundes in allen Zusammenhängen als Grundvoraussetzung für die Arbeit mit ihm. Ein Buch über Hundeerziehung nur halb oder unvollständig zu lesen ist, als wären Sie nur sporadisch in der Schule gewesen oder würden Ihre Kinder nur ab und an mal hinschicken.

Viel Spaß beim Lesen und Anwenden,
Ihre Sabrina Kowsky, Hundetrainerin

2. Geschichte, Merkmale und Rassestandard

2.1. Geschichte und Merkmale

Der Eskimostamm der Mahlemiuts (daher auch der Name Malamute) war berühmt für seine ausdauernden Schlittenhunde, welche schwere Lasten zwar langsam, aber über weite Distanzen ziehen konnten. Die Tiere waren für den Stamm überlebenswichtig, da sie Nahrung und andere lebensnotwendige Dinge beförderten, noch dazu in der Arktis, wo extreme Temperaturen und Witterungen vorherrschten.

Damals gab es noch keinen „Standard" für die Zucht, wie dies heute der Fall ist; es ging rein um die Leistungsfähigkeit als Zughund, Jäger und einfach um einen robusten Hund, was sich auch heute noch zum Teil im Typ des Malamuten widerspiegelt.

Er unterscheidet sich nicht nur im Aussehen, sondern auch im Wesen von den anderen Schlittenhunden. Diese Tiere sind freundlich gegenüber allen fremden Menschen – als Wachhund also ungeeignet – sehr robust und ihr dickes, pflegeleichtes Fell (das im Fellwechsel jedoch viel Unterwolle abwirft) zeugt auch heute noch von der damaligen Selektion bezüglich der extremen Kälte.

Zunächst wurden die Hunde der Mahlemiuts zwar relativ isoliert gezüchtet, doch mit der Besiedlung Alaskas durch „Weiße" und sowohl des einsetzenden Goldrausches, als auch der wachsenden Begeisterung für Schlittenhunderennen, wuchs der Bedarf an Zughunden und die mitgebrachten

Hunde der Siedler wurden (angeblich; hierzu gibt es mehrere Versionen) mit den Malamuten verpaart, was den „Untergang" der damaligen, reinen Mahlemiut-Hunde bedeutete.

Viele Jahre später suchten Rasseliebhaber nach typischen, unvermischten Hunden als Stammhalter für eine neue Zuchtlinie des Malamuten. Im Jahre 1935 wurde schließlich der Rassestandard offiziell formuliert, die Anerkennung durch den American Kennel Club (AKC) ausgesprochen und der Alaskan Malamute Club of America (AMCA) gegründet.

Der Standard definiert als wünschenswert bei Rüden 63,5cm Schulterhöhe bei 38,5kg Gewicht. Bei Hündinnen 58,4cm Schulterhöhe bei 34kg im Mittel. Es gibt aber keine „Ausschlussgröße", d.h. auch ein Rüde mit 70cm oder einer mit 59cm Schulterhöhe ist im Standard – wichtig ist eine harmonische Gesamterscheinung.

Es gibt jedoch unerwünschte Kriterien, die einen sofortigen Ausschluss bedeuten: Wenn der Hund aggressiv oder ängstlich ist (bzw. sonstige schwerwiegende Verhaltensstörungen) oder blaue Augen hat (beim Husky erlaubt, beim Malamuten nicht!).

Was den Zughundesport betrifft, sieht man diese Rasse heutzutage nur noch selten auf Rennen, da sie langsam und eher für lange Strecken mit großem Gewicht ausgelegt sind. Abgelöst wurden sie von dem Husky oder auch den „neuen" Schlittenhunden, den „Hounds" (in allen Variationen).

von Sabrina Kowsky

2.2 Der FCI-Standard des Alaskan Malmute

FCI - Standard Nr. 243 / 05. 01. 2000 / D
ALASKAN MALAMUTE

ÜBERSETZUNG : Frau Elke Peper
URSPRUNG: U.S.A.
DATUM DER PUBLIKATION DES GÜLTIGEN ORIGINAL- STANDARDES : 14. 08. 1996
VERWENDUNG: Schlittenhund
KLASSIFIKATION FCI:
Gruppe 5
Spitze und Hunde vom Urtyp
Sektion 1 Nordische Schlittenhunde
Ohne Arbeitsprüfung

ALLGEMEINES ERSCHEINUNGSBILD:
Der Alaskan Malamute ist einer der ältesten Schlittenhunde der Arktis und hat ein mächtiges, substanzvolles Gebäude mit tiefem Brustkorb und kräftigem, gut bemuskeltem Körper. Der Malamute steht in aufrechter Haltung auf seinen Pfoten und verkörpert mit seiner aufrechten Kopfhaltung und seinen Wachsamkeit, Interesse und Neugier austrahlenden Augen Stolz und grosse Bewegungsfreude. Sein Kopf ist breit. Die Ohren sind dreieckig und aufgerichtet, wenn seine Aufmerkamkeit geweckt ist. Der Fang ist massiv und verschmälert sich nur wenig vom Ansatz zur Nase hin. Er ist weder spitz oder lang noch kurz und dick. Das Haarkleid ist dick mit rauhem Deckhaar von ausreichender Länge, um die Unterwolle zu schützen. Malamutes können verschiedene Farben haben. Typisch ist eine Kopfzeichnung, die sich wie

eine Kappe über den Kopf erstreckt, wobei das Gesicht entweder völlig weiss ist oder einen Strich und/oder eine Maske aufweist. Die Rute ist gut behaart und wird über dem Rücken getragen; sie hat das Aussehen eines wedelnden Federbusches. Der Malamute muss schwere Knochen und leistungsfähige Läufe, gute Pfoten, einen tiefen Brustkorb, eine kraftvolle Schulterpartie sowie alle weiteren körperlichen Voraussetzungen aufweisen, die er braucht, um seine Arbeit effizient verrichten zu können. Seine Bewegung muss gleichmässig, harmonisch, unermüdlich und vollkommen effizient sein. Er wurde nicht als Renn-Schlittenhund für Geschwindigkeitswettbewerbe gezüchtet.

Der Malamute ist für Kraft und Ausdauer gebaut und jedes Merkmal, das Wesen eingeschlossen, das die Erfüllung dieses Verwendungszwecks beeinträchtigt, muss als sehr schwerer Fehler angesehen werden.

WICHTIGE PROPORTIONEN:
Der tiefste Punkt des Brustkorbes befindet sich unmittelbar hinter den Vorderläufen, ungefähr auf der Hälfte der Widerristhöhe. Die Körperlänge, gemessen vom Buggelenk bis zum Sitzbeinhöcker, übertrifft die Widerristhöhe.

VERHALTEN / CHARAKTER (WESEN):
Der Alaskan Malamute ist ein anhänglicher, freundlicher Hund, kein „Ein-Mann-Hund". Er ist ein treuer, ergebener Begleiter, verspielt, wenn er dazu aufgefordert wird; vor allem beeindruckt er aber durch seine Würde, wenn er ausgewachsen ist.

KOPF:
Breit und tief, weder grob noch unförmig; seine Grösse steht in gutem Verhältnis zur Gesamtgrösse des Hundes. Sein Ausdruck ist weich und zeigt seine liebevolle Veranlagung.

OBERKOPF:
Schädel: Breit und mässig gewölbt zwischen den Ohren, zu den Augen hin allmählich schmaler und im oberen Bereich flacher werdend, zu den Wangen hin in einer Rundung verlaufend. Zwischen den Augen ist eine leichte Furche. Die Profillinien des Schädels und des Vorgesichts zeigen an ihrem Verbindungspunkt eine leichte Abweichung von der Geraden nach unten.
Stop: Flach.

GESICHTSSCHÄDEL:
Nasenschwamm: Bei allen Farbschlägen, ausser bei Rot, sind Nase, Lefzen und Lidränder schwarz pigmentiert. Bei roten Hunden ist eine braune Pigmentierung zugelassen. Eine mit einem helleren Streifen versehene „Winternase" ist annehmbar.
Fang: Gross und massig im Verhältnis zum Schädel; er verjüngt sich leicht vom Ansatz zur Nase hin in Breite und Tiefe.
Lefzen: Straff anliegend.
Kiefer / Zähne: Breite Kiefer mit grossen Zähnen. Scherengebiss. Vor- oder Rückbiss sind ein Fehler.
Backen: Mässig abgeflacht.
Augen: Schräg eingesetzt, braun, mandelförmig und von mittlerer Grösse. Blaue Augen sind ein ausschliessender Fehler.
Ohren: Mittelgross, jedoch klein im Verhältnis zur Grösse des Kopfes. Sie haben die Form eines Dreiecks mit leicht abgerundeter Spitze. Sie sind weit voneinander an den Aussenkanten des hinteren Schädelbereichs auf einer Höhe mit den äusseren Augenwinkeln angesetzt, so dass der Eindruck entsteht, dass sie, wenn sie aufgerichtet sind, vom Schädel abstehen. Die aufgerichteten Ohren weisen leicht nach vorn,

aber wenn der Hund arbeitet, werden die Ohren manchmal zum Schädel hin gefaltet. Hoch angesetzte Ohren sind ein Fehler.

HALS: Kräftig und mässig gebogen.

KÖRPER: Kompakt gebaut, wobei die Lendenpartie aber nicht zu kurz ist. Der Körper trägt kein Übergewicht, die Knochenstärke steht in gutem Verhältnis zur Körpergrösse.
Rücken: In gerader Linie leicht zu den Hüften hin abfallend.
Lenden: Fest und gut bemuskelt. Eine lange Lendenpartie, die den Rücken schwächen könnte, ist fehlerhaft.
Brust: Gut entwickelt.

RUTE: In Verlängerung der Wirbelsäule mässig hoch angesetzt. Wenn der Hund nicht arbeitet, wird die Rute über dem Rücken getragen. Sie liegt weder flach auf dem Rücken auf, noch wird sie fest auf dem Rücken eingerollt getragen, noch ist sie so kurz behaart wie die eines Fuches. Die Rute des Malamutes ist reich behaart und gleicht einem wedelnden Federbusch.

GLIEDMASSEN:
VORDERHAND: Die Vorderläufe sind starkknochig und stark bemuskelt; sie sind von vorn gesehen bis hinunter zum Vordermittelfuss gerade.
Schultern: Mässig schräg gelagert.
Vordermittelfuss: Kurz und kräftig, von der Seite gesehen leicht schräg gestellt.

HINTERHAND: Breit. Von hinten gesehen stehen und bewegen sich die Hinterläufe auf einer Linie mit den Vorderläufen, weder zu eng noch zu breit. Afterkrallen an den Hinterläufen

sind unerwünscht und sollten kurz nach der Geburt der Welpen entfernt werden.
Oberschenkel: Sehr stark bemuskelt.
Sprunggelenk: Mässig gewinkelt, tief stehend.

PFOTEN: Ähnlich einem „Schneeschuh", fest und tief, mit gut gepolsterten Ballen, fest und kompakt wirkend. Die Pfoten sind gross; die Zehen liegen eng beieinander und sind gut gebogen. Zwischen den Zehen wächst schützendes Haar. Die Ballen sind dick und strapazierfähig, die Zehennägel kurz und kräftig.

GANGWERK:
Die Bewegung des Malamutes ist gleichmässig, harmonisch und kraftvoll. Er ist behende für seine Grösse und seinen Körperbau. Von der Seite gesehen lässt die Hinterhand starken Schub erkennen, der sich über die gut bemuskelte Lendenpartie auf die Vorderhand überträgt, die diesen Schub in gleichmässige, raumgreifende Schritte umsetzt. Von vorn oder hinten gesehen bewegen sich die Läufe geradlinig vorwärts, weder zu eng noch zu breit. Im schnellen Trab nähert sich die Trittspur der gedachten Mittellinie des Körpers. Ein gestelzter Gang oder jede sonstige Bewegung, die nicht vollkommen effizient und mühelos ist, muss bestraft werden.

HAARKLEID:
HAAR: Der Malamute hat dickes, rauhes -keinesfalls langes, weiches - Deckhaar. Die Unterwolle ist dicht, ca. 2,5 bis 5 cm (1 bis 2 inches) lang, ölig und wollig. Das Deckhaar variiert, ebenso wie die Unterwolle, in seiner Länge. Es ist relativ kurz bis mittellang an den Körperseiten, während es um Hals und Schultern, den Rücken hinunter, über der Kruppe, an den

Hinterseiten der Oberschenkel und an der buschigen Rute länger ist.

Während der Sommermonate haben Malamutes gewöhnlich kürzeres, weniger dichtes Haar. Der Malamute wird in natürlichem Haarkleid gezeigt. Trimming ist nicht erlaubt, mit Ausnahme der Pfoten, damit diese ordentliche Konturen haben.

FARBE: Die üblichen Farben sind Hellgrau bis Schwarz mit allen Zwischenschattierungen und Sable einschliesslich dessen zum Rot tendierender Schattierung. Farbkombinationen sind erlaubt in der Unterwolle, in der Kopfzeichnung und an den Übergängen zwischen den weissen Bereichen des Unterkörpers und der dunklen Körperfarbe. Die einzige erlaubte Einheitsfarbe ist Reinweiss. Weiss ist stets die vorherrschende Farbe an Unterkörper, Teilen der Läufe, den Pfoten, und Teilen der Gesichtszeichnung. Eine weisse Blesse auf der Stirn und/oder ein Kragen oder ein Fleck auf dem Nacken ist attraktiv und zulässig. Der Körper des Malamutes hat eine Mantelzeichnung; unterbrochene Farben, die sich über den Körper erstrecken, oder eine ungleichmässige Sprenkelung sind unerwünscht.

GRÖSSE UND GEWICHT:
Es gibt eine natürliche Bandbreite in der Grösse dieser Rasse. Die erwünschte Grösse zum Lastenziehen ist bei Rüden: 63,5 cm (25 inches) Widerristhöhe bei einem Körpergewicht von 38 kg (85 lbs.)
Bei Hündinnen: 58,5 cm (23 inches) Widerristhöhe bei einem Körpergewicht von 34 kg (75 lbs.)
Die Bedeutung der Grösse sollte jedoch nicht über derjenigen von Typ, Proportionen, Bewegung und anderen funktional wichtigen Merkmalen stehen. Wenn Hunde zu beurteilen

sind, die gleichwertig in Typ, Proportionen und Bewegung sind, muss der Hund, der der erwünschten Arbeitsgrösse am nächsten kommt, bevorzugt werden.

WICHTIGE ZUSAMMENFASSUNG:
Beim Richten des Alaskan Malamutes muss seine Fähigkeit, als Schlittenhund in der Arktis schwere Lasten zu ziehen, höchste Priorität haben. Der Grad der Abwertung eines Hundes sollte von dem Ausmaß abhängen, in dem der Hund von der Beschreibung des idealen Malamutes abweicht und in dem der jeweilige Mangel die Arbeitsfähigkeit des Hundes tatsächlich beeinträchtigen würde. Die Läufe des Malamutes müssen ungewöhnliche Stärke und gewaltige Schubkraft erkennen lassen.

Jegliches Anzeichen von eingeschränkter Leistungsfähigkeit der Läufe und Pfoten in Vorder- oder Hinterhand, sowohl im Stand als auch in der Bewegung, muss als schwerer Fehler angesehen werden. Solche Fehler wären Spreizpfoten, Kuhhessigkeit, ein schlechter Vordermittelfuss, steile Schultern, mangelnde Winkelungen, ein stelziges Gangwerk (oder jede andere Bewegung, die nicht harmonisch, kraftvoll und gleichmässig ist), Schlaksigkeit, Substanzlosigkeit, Schwerfälligkeit, mangelnde Knochenstärke und eine schlecht proportionierte Gesamterscheinung.

FEHLER:
Jede Abweichung von den vorgenannten Punkten muss als Fehler angesehen werden, dessen Bewertung in genauem Verhältnis zum Grad der Abweichung stehen sollte und dessen Einfluss auf die Gesundheit und das Wohlbefinden des Hundes zu beachten ist.

AUSSCHLIESSENDE FEHLER:
- Aggressiv oder ängstlich
- Blaue Augen

Hunde, die aggressiv oder ängstlich sind oder Verhaltensstörungen aufweisen, müssen disqualifiziert werden.

N.B.: Rüden müssen zwei offensichtlich normal entwickelte Hoden aufweisen, die sich vollständig im Hodensack befinden.

3. Grundsätzliches über Hunde

„Jeder hat einmal klein angefangen.", so heißt ein bekanntes Sprichwort. Das trifft auch bei der Hundeerziehung zu, denn bevor man anfangen kann, mit einem Hund zu arbeiten, muss man zuerst verstehen, wie ein Hund „funktioniert". Was erwartet Ihr Hund von Ihnen? Was sind Triebe und warum sind sie so wichtig? – Ihr Hund übermittelt Ihnen Signale, er leckt sich die Lefzen oder bewegt sich nach einer Standpauke plötzlich sehr langsam; warum und was bedeuten sie? – Und auch Sie übermitteln Signale; vielleicht auch unbewusst. Wissen Sie, wie Ihr Hund auf Ihre Signale reagiert, welche das überhaupt sind und warum er gerade auf das eine mehr als auf das andere anspricht? – Machen Sie sich auf die eine oder andere Überraschung gefasst!

3.1. Wie? Was? Warum?

Grundsatz 1:
Dein Hund liebt dich nicht.

Als ich diesen Satz zum ersten Mal hörte, war ich, gelinde gesagt, erschrocken. Damals hatte ich nur einen Hund, einen Scotish Collie, ein unglaublich lieber und sehr gut erzogener Tierheimhund. Natürlich war er mein Ein und Alles. Und dieser Hund liebte mich nicht? Eine schwierige Vorstellung, doch sie ist wahr. Das bedeutet nicht, dass Sie Ihren Hund nicht lieben dürfen, natürlich dürfen Sie! Aber bedenken Sie, dass Ihr Hund nicht aus Liebe bei Ihnen bleibt oder deshalb auf Sie hört, denn dies ist ein Trugschluss. So schockierend das im ersten Moment klingen mag, öffnen Sie sich diesem Gedanken und lassen Sie ihn unvoreingenommen auf sich wirken.

Der Hund ist abhängig von dem Menschen und nein, der Mensch ist kein Alphahund, kein Rudelführer oder dergleichen. Der Mensch ist, könnte man sagen, der Manager seines Hundes. Ihr Hund erwartet von Ihnen, dass Sie ihn sicher führen. Er erwartet, ja verlangt, klare und deutliche Ansagen. Wenn Sie zu Ihrem Hund „Sitz!" sagen, weiß er, woran er ist und was gewollt ist. Kommt dagegen so etwas wie: „Ach, komm, setz dich doch hin, ja, setz dich hin" schaltet ihr Hund ab, den netten Tonfall registriert er vielleicht, der allein aber kein Grund für ihn ist, sich hinzusetzen, denn in diesem Moment verbindet er Ihren Tonfall mit dem, was er tut – Nichts oder vielleicht Stehenbleiben – und mit der netten Tonlage loben Sie ihn genau dafür, obwohl Sie etwas anderes wollten. Ihr Hund möchte, dass Sie ihm klar und in eindeutiger Art und Weise sagen: „Das will ich jetzt von dir". Für jeden Hund, der keinen klaren Befehl erhält und womöglich bestraft wird, weil er den Befehl nicht befolgt hat, ist dies Stress. Purer Stress, der sogar krank machen kann. Nicht zu vergessen, dass Ihr Hund einen Befehl natürlich zuerst einmal kennen muss um ihn auch ausführen zu können, wie man seinen Welpen anlernt, erfahren Sie *im Kapitel „9. Erziehung" ab S. 76 ff.*

Nun gut, Sie werden sich jetzt fragen, warum Ihr Hund dann bei Ihnen bleiben sollte? Ganz einfach: Er ist ein Meutetier, nichts ist wichtiger als Sicherheit und Futter. Zum Futter: Sowohl der Fress-, als auch der Sexualtrieb sind die stärksten Triebe des Hundes. Ein Züchter bestimmt, welche Hunde sich paaren und beherrscht damit den Sexualtrieb seiner Hunde, denn er regelt die Verpaarung. Bei einem normalen Hundehalter spielt hingegen der Fresstrieb eine wichtige Rolle. Sie haben das Futter, Sie geben es Ihrem Hund wann Sie wollen, nicht wann er will, somit haben Sie quasi ein Druckmittel gegen ihn. Womit wir wieder beim Thema Abhängigkeit wären. Sie sichern das Überleben des Hundes, indem Sie ihm

Nahrung und Sicherheit geben, dafür lernt er von Ihnen, für Sie. Ihr Hund denkt nicht daran, dass er außerhalb Ihres Hauses auch Nahrung bekommen könnte, er bekommt Sie von Ihnen und weiter denkt Ihr Hund einfach nicht. Er ist nicht dumm, kein Hund ist das, aber er lebt im Hier und Jetzt und verschwendet keinen Gedanken an das, was sein könnte, wenn... Sollte er auf sich allein gestellt sein, dann wird er der Situation entsprechend handeln, aber erst dann und nicht vorher. Zusammenfassend heißt das für uns also: Wir füttern unseren Hund, geben ihm eine klare, sichere und eindeutige Führung und dafür, mit der entsprechenden Arbeit, ordnet sich unser Hund unter, lernt seine Befehle und ist uns treu ergeben.

3.2. Calming Signals oder Beschwichtigungssignale

Hierzu möchte ich Ihnen eine kleine Geschichte erzählen. Ich war mit einer Dame und deren Rüden unterwegs, der Hund zog an der Leine und zog und zog und, anstatt ihm einen klaren Befehl zu geben, was er denn nun tun solle, schimpfte die Frau ihn bei jedem Ruck und der Hund leckte sich wie wild die Lefzen. Die Dame schimpfte weiter und weiter, bis ich fragte, warum sie denn nicht aufhöre mit ihrer Tirade und anfängt dem Hund einen klaren Befehl zu geben, da ihr Hund ja die ganze Zeit schon beschwichtigt. – Beschwichtigen? Was ist das? – Nun, abgesehen von dem Problem der Kommunikation zwischen Halter und Hund, erkannte die Frau nicht, dass ihr Hund beschwichtigte. **Doch was ist ein Calming Signal überhaupt?** Bei Wölfen stellte man fest, dass diese im Laufe ihrer Geschichte diverse Verhaltensweisen entwickelt haben, um Konflikte untereinander zu lösen, Spannungen abzubauen und körperliche Auseinandersetzungen zu vermeiden, was besonders wichtig ist, damit das Rudel weiterhin in freier Natur bestehen konnte. Turid Rugaas stellte fest, dass diese Verhaltensweisen auch auf Hunde zutreffen und diese ebenso Konflikte lösen.

Lecken der Nase / Züngeln
Der Hund leckt sich dabei nicht unbedingt über die ganze Nase, sondern streckt die Zunge oft nur kurz raus und das schnell und mehrmals hintereinander.

Den Kopf zur Seite drehen
Eine sehr häufige Verhaltensweise, der Mensch versteht sie oft falsch und deutet es als Ignoranz.

Gähnen
Ebenfalls ein häufiges Signal. Hunde nutzen es auch, um sich selbst zu beruhigen oder einfach, wenn sie müde sind.

Verlangsamung von Bewegungen
Der Hund bewegt sich wie in Zeitlupe, oft passiert das, wenn man ihn zu sich ruft oder wenn zwei Hunde aufeinandertreffen. Auch bei Sitz oder Platz kann der Hund das in Zeitlupe ausführen.

Einen Bogen laufen
Die Hunde laufen nicht direkt aufeinander zu, sondern jeweils in einem Halbbogen.

Splitten
Dabei schiebt sich ein dritter Hund zwischen zwei andere Hunde, um einen Konflikt zu schlichten. Splitten kann aber auch Eifersucht oder Dominanz bedeuten.

Pinkeln

Pinkeln kann sowohl Beschwichtigung, Dominanz, wie auch starke Unterwürfigkeit sein – oder einfach Freude, z.B. bei der Begrüßung.

Ohren anlegen

Für den Menschen am schnellsten zu erkennen, daher auch die eindeutigste Geste. *Aber Vorsicht:* Ohren anlegen kann auch ein Zeichen der Begrüßung sein oder eine Erwartungshaltung, z.B. wenn es Leckerli gibt.

Das sind natürlich nur einige der Signale, mit denen der Hund eine schwierige Situation oder einen Konflikt auflösen will. *Aber:* Nicht jedes dieser Signale bedeutet automatisch, dass der Hund beschwichtigt, genauso kann es Dominanz oder Ignoranz oder ähnliches bedeuten. Sofort auf Beschwichtigung zu schließen wäre falsch. *Daher mein Rat:* Wenn Sie die Möglichkeit haben, einmal mehrere Hunde, z.B. auf einem Hundeplatz zu beobachten, dann tun Sie das und konzentrieren Sie sich darauf, ob und wann Calming Signals gezeigt werden. Wenn sie mit Ihrem Hund unterwegs sind, dann beobachten Sie ihn, seine Körperhaltung und Mimik; sehen Sie sich alles in Ruhe an. Achten Sie auf solche Signale, aber versteifen Sie sich nicht darauf, legen Sie nicht jedes Lecken oder Gähnen sofort als Signal aus, und lernen Sie, wann es Calming Signals sind und wann Ihr Hund etwas anderes damit anzeigt. Je mehr fremde Hunde Sie sehen und ansehen, desto stärker schärfen Sie Ihr Auge für Mimik, Körperhaltung und die Signale der Hunde. **Auch Sie selbst können diese Calming Signals aussenden,** um Hunde zu beschwichtigen. Zum Beispiel, wenn Sie möchten einen fremden Hund streicheln möchten. Natürlich sollten Sie zuerst immer den Besitzer fragen, ob er damit einverstanden ist. Gehen Sie nicht direkt auf den Hund zu, sondern bleiben Sie in einiger Entfernung stehen. Schauen Sie ihm nicht direkt in die Augen, starren Sie ihn nicht an, denn dies ist eine Dominanzgeste. Wenn Sie ihn fixieren, zeigen Sie ihm zwar, dass Sie der Chef sind, jedoch ist das bei einem fremden Hund nicht der Fall, dies funktioniert nur beim eigenen Hund. Ein fremdes Tier können Sie damit unter Umständen sogar provozieren, da Sie es bedrohen. Suchen Sie sich einen Punkt hinter dem Hund und blicken Sie ihn entspannt an, starren Sie nicht darauf. Gehen Sie langsam in die Hocke und halten ihm die Hand hin. Wenn der Hund dann auf Sie zukommt, was etwas Geduld erfordert, bewegen Sie sich langsam und keinesfalls hektisch und sprechen Sie ruhig und leise mit dem Hund. Dieser, wenn er zu Ihnen kommt, wird Ihnen den Kopf hinhalten, dort, wo er gekrault werden will – und kein Hund möchte an der Schädeldecke getätschelt werden! So wie es auch kein Mensch mögen würde.

Nun stellen Sie sich vor, Sie gehen mit Ihrem Hund im Park spazieren, es ist schon ziemlich dunkel und Sie sind etwas nervös. Ihr Hund merkt das natürlich und ist in Alarmbereitschaft versetzt. Bleiben Sie stehen, gähnen Sie herzhaft mit offenem Mund und erklären Ihrem Hund so: Alles in Ordnung. Reden Sie nicht beruhigend auf ihn ein, dadurch sagen Sie ihm nur, dass er alles richtig macht, wenn er sich so verhält. Denn wenn Ihr Hund Angst oder Unsicherheit verspürt, welche von Ihnen ausgeht, wird er automatisch nach einer, für ihn logischen, Ursache suchen. Und das kann dann jeder Mensch oder andere Hund sein, der Ihnen z.B. entgegen kommt, was Ihren Hund, wenn er beginnt denjenigen zu verbellen oder anzuknurren, aggressiv erscheinen lässt.

Es ist für uns Menschen genauso schwer, einen Hund zu deuten, wie es dies umgekehrt auch für den Hund ist, was oft bei beiden Seiten zu Missverständnissen führt. Werden Sie nicht bei jedem Lefzen lecken hysterisch, sondern bleiben Sie ruhig und denken einfach nicht zuviel darüber nach. Mit der Zeit wird es Ihnen ins Blut übergehen, was Ihr Hund Ihnen sagen will, was er mit seiner Haltung ausdrückt und Sie reagieren instinktiv. Also, wenn Sie die Möglichkeit haben, dann sehen Sie sich viele Hunde an; ihr Verhalten. Lernen Sie, einen Hund „zu lesen". Fragen Sie sich, warum der Hund gerade jetzt gegähnt hat. War er müde? Hat er doch beschwichtigt? Und wenn ja, warum? – Je mehr Hunde man gesehen hat, desto einfacher wird es, sich in den Hund hineinzuversetzen. Eine sehr gute Hilfe hierfür ist eine Hundeschule. Einfach hingehen und zuschauen.

Hier noch ein persönlicher Tipp: Oft wird es Ihnen passieren, dass Sie auf Hundetrainer oder Halter treffen, die Ihnen genau sagen wollen, wie Sie als Anfänger, Ihren Hund richtig erziehen sollen. Dabei gehen die einzelnen Meinungen oft weit auseinander. Bleiben Sie ruhig, hören Sie zu, wenn Sie wollen; wenn nicht, sagen Sie es, höflich aber bestimmt. Und lassen Sie sich nichts einreden, was Sie nicht verstehen oder mit dem Wesen Ihres Hundes vereinbaren können, egal, wer es Ihnen sagt. Denken Sie in Ruhe darüber nach, überlegen Sie, ob es Sinn macht und ob Sie es überhaupt umsetzen wollen und/oder können. Vor allem, ob dies bei Ihrem Hund Sinn macht, aber versuchen Sie nicht jeden Tipp, Hinweis oder Rat umzusetzen. Bei vielen verschiedenen ist das schlichtweg unmöglich und bedeutet so oder so viel Stress für Sie und Ihren Hund. Nehmen Sie nicht blauäugig jedes Wort, jeden Ratschlag für bare Münze, sondern seien Sie ruhig misstrauisch und denken Sie nach. Sie müssen es mit Ihrem Gewissen vereinbaren können, es muss Ihnen verständlich sein, dass Ihr Hund auch wirklich so darauf reagiert, wie es Ihnen gesagt oder erklärt wurde.

von Sabrina Kowsky

Und, was unbedingt noch beachtet werden sollte: Jeder Hund ist zwar in den Verhaltensweisen, in den Instinkten und Trieben gleich, aber trotzdem ein Individuum. Das heißt: Ein Hund kann z.B. ein Beschwichtigungssignal sehr stark zeigen, während ein anderer dieses nur ganz kurz zeigt.

Dies gilt für alle Bereiche – ein Hund ist nie exakt wie ein anderer, aber die grundlegenden Verhaltensweisen sind bei allen gleich, lediglich die Art, wie der einzelne Hund sie zeigt, unterscheidet sich.

3.3. Die Stimme

Ja, richtig gelesen. Hier geht es um Ihre Stimme. Oder vielmehr darum, wie Sie Ihre Stimme, Ihren Tonfall nutzen können, um besser mit Ihrem Hund zu arbeiten. Die sogenannte „Kopfstimme", also eine möglichst hohe Stimmlage, vor allem für Frauen einfacher als für Männer, hilft, wenn man den Hund lobt. Dies verstärkt das Lob noch und der Hund ist umso motivierter. Das Gegenteil hierzu ist die „dunkle" Stimme. Ein möglichst tiefer, brummender Tonfall, der dem Knurren des Hundes nachempfunden ist und klar vermittelt: Lass es bleiben! Am Anfang ist es natürlich schwer, sich das anzugewöhnen, üben Sie daheim, einige meiner Patienten-Besitzer machen es vor dem Spiegel, ganz heimlich, andere übten in Gruppen am Hundeplatz, während die Hunde spielten. Wenn Sie das nicht möchten oder, wie mein Mann, aus gesundheitlichen oder sonstigen Gründen, nicht können, dann reicht es einfach, wenn Sie beim Loben flüstern, prinzipiell ist es einfacher mit dem Hund über Stimme zu arbeiten, aber es ist nicht zwingend erforderlich. Sie können auch rein flüsternd mit dem Hund arbeiten, dadurch muss er sich mehr auf Sie konzentrieren, hält Kontakt mit Ihnen und wenn dann doch ein Befehl, wie z.B. „Nein!" kommt, dann ist dieser jetzt umso wirkungsvoller, da er laut (nicht schreiend) ausgesprochen wird und tief, brummend, wo zuvor nur geflüstert wurde. Diese Unterschiede zwischen leise und laut, hell und dunkel, kann der Hund sehr gut unterscheiden und reagiert entsprechend. Hier muss hinzu gesagt werden, wie es eben immer so ist: Jeder Hund ist ein Individuum, auch wenn er zu derselben Rasse gehört. Zum Beispiel reagiert mein großer Rüde Akhiro, 5 Jahre, nicht sehr stark auf meine Kopfstimme, auf die dunkle etwas stärker. Bubi, ein anderer Rüde, 8 Jahre, reagiert hingegen extrem sensibel auf beides. Es kommt also auch auf den Hund an. Ich nutze bei Akhiro trotzdem verschiedene Stimmlagen, auch wenn er nicht unbedingt stark darauf reagiert, aber er kennt sie und ihre Bedeutung, also wird es beibehalten. Reagiert er stärker, umso besser. Verändert man zu der Stimmlage noch den Tonfall, z.B. wenn Akhiro gerade in einem Mausloch buddelt, steht er im Jagdtrieb und es ist nicht leicht, ihn dann abzurufen, also wird die Stimme dunkler, brummender und der Tonfall scharf. Auch laut, je nachdem, wie weit er weg ist. Darauf reagiert er und alles ist gut. Aber die Vorarbeit ist natürlich entscheidend, damit der Hund zuerst einmal lernt, worum es geht und auch das richtige Timing spielt eine wichtige Rolle, dazu mehr im nächsten Punkt.

3.4. Das richtige Timing

Stellen Sie sich vor, Sie gehen mit Ihrem Hund spazieren, er sieht irgendetwas und läuft davon. Sie rufen und rufen, aber er reagiert nicht. Nach einem kurzen Sprint bricht er ab und kommt zu Ihnen zurück. Sauer wie Sie sind, schimpfen Sie ihn erst einmal ordentlich. Was lernt der Hund dann? Komme ich zurück, dann bekomme ich Ärger. Er konnte Ihren

Befehl und die dazugehörige „wütende" Tonlage nicht mit dem Weglaufen verbinden, weil das Timing schlecht war. Im Gegensatz zum Menschen ist ein Hund nicht nachtragend, was vorbei ist, ist vorbei. Wenn Ihr Hund einen Befehl falsch verknüpft, dauert es unter Umständen sehr lange, ihm das wieder umzulernen. Das gilt sowohl für Lob, als auch für Strafe. Beides erfolgt auf den Punkt, das heißt, in dem Moment, in dem es passiert. Nicht früher, nicht später. Ihr Hund ist vergesslich, wenn es um so etwas geht. Hat er z.B. eine tote Maus ins Maul genommen und Sie sagen „Aus!" und er spuckt sie aus, loben Sie ihn sofort. Warten Sie hingegen, gehen weiter und loben ihn erst, wenn er neben Ihnen herläuft, dann verknüpft er das nicht damit, dass er die Maus fallen gelassen hat, sondern mit dem Nebenherlaufen. Grob gesagt, Sie haben max. 3 Sekunden Zeit um zu loben oder zu bestrafen, ehe Ihr Hund wieder vergessen hat, was passiert ist, vorrausgesetzt, Ihr Hund macht in diesen 3 Sekunden nicht bereits etwas anderes. Viele sagen, ein Hund habe ein schlechtes Gewissen. Eine Patientin von mir kam eines Tages von der Arbeit nach Hause und Ihre Hündin hatte Ihren Teppich angefressen. Die Hündin kam langsam und mit gesenktem Kopf auf sie zu, wedelte mit dem Schwanz und beschwichtigte. Ist das ein Zeichen für ein schlechtes Gewissen? Nein. Hunde haben so etwas nicht. Sie reagieren auf Ihre Haltung, Ihre Tonlage, auf Ihre Stimmung. Die Dame sah den Teppich und war, natürlich, sauer. Die Hündin reagierte sofort darauf und beschwichtigte, auch wenn sie nicht wusste, warum ihre Besitzerin so wütend war. Sie hatte doch gar nichts getan. Und: Sie konnte sich nicht daran erinnern, den Teppich zerbissen zu haben. Hätte sie nun den Hund ausgeschimpft, hätte dieser das mit der Heimkehr seines Frauchens verbunden. In so einer Situation, so schwer es einem fällt, ruhig bleiben und den Hund normal begrüßen, so, als wäre nichts passiert. Hunde sind, wie bereits erwähnt, nicht nachtragend und verstehen es nicht, wenn Sie es sind. Unser Welpe war immer sehr frech beim Spielen mit Akhiro und hat ihn in die Ohren gezwickt, in den Schwanz, die Pfoten, ist auf ihm rumgeklettert, alles in Ordnung, bis es Akhiro zu viel wurde. Ein Knurrer und der Kleine suchte das Weite. Wenig später kam er wieder und das Spiel ging weiter, bis er es wieder übertrieben hat oder der Große endgültig seine Ruhe wollte und er erneut weggeknurrt wurde. Wenn Ihr Hund also irgendetwas getan hat, worauf Sie wütend sind, dann seien Sie es in dem Moment, in dem es passiert, in dem Sie Ihren Hund sehen, wie er es macht. Sind Sie noch fünf Minuten später wütend auf ihn, ist er völlig verunsichert, einfach, weil er nicht mehr weiß, was er gemacht hat und Sie wütend sind, obwohl er mittlerweile nur neben Ihnen sitzt – das versteht kein Hund. Also, Lob und Strafe müssen immer zur richtigen Zeit erfolgen, genau dann, wenn der Hund etwas gut macht oder eben nicht. Nicht später, nicht früher; genau in diesem Moment. Natürlich passiert es auch einmal, dass man den Hund im falschen Augenblick schimpft oder lobt, dann entschuldigen Sie sich bloß nicht! Ignorieren Sie alles Weitere, sagen Sie nichts, bleiben Sie ruhig und machen weiter z.B. mit Ihrem Spaziergang, vergessen Sie einfach, was war und machen Sie es das nächste Mal einfach besser. Fehler sind da, um daraus zu lernen, aber Sie sollten sich nicht häufen.

3.5. Zuviel Lob

Auch das ist möglich. Dazu sei zuerst einmal gesagt: Mit einem Welpen arbeitet man natürlich immer über Lob und Leckerlis, man kann ihnen alles spielerisch beibringen, einfach, weil sie so am einfachsten lernen. Harte Strafen sind unnötig.

Nun, nehmen wir an, Sie gehen mit Ihrem Hund spazieren, er geht Fuß neben Ihnen. Vorrausgesetzt, er kennt den Befehl „Fuß!" bereits, also kein Welpe in der Lernphase. Nun gehen Sie eine Strecke von 100m und reden die ganze Strecke ununterbrochen auf den Hund ein: „Gut! Fein gemacht!". Das interessiert ihn nicht! Mit Loben hat das nichts mehr zu tun. Loben Sie Ihren Hund nicht mehr als nötig, nämlich wenn er etwas gut gemacht hat, nicht ständig, während er es macht. Vor allem der Malamute ist ein sturer Hund und da ist es umso wichtiger, dass er in gerechten Portionen gelobt wird, genauso ist es auch mit den Leckerlis. Unser Kleiner z.B. ist sehr verfressen und reagiert immer auf Leckerlis, der Große hingegen ignoriert sie auch mal, wenn etwas anderes interessanter ist und wenn er dann verspätet kommt, bekommt er keines, er ist da und dann wird er wieder weggeschickt. Also dosieren wir unser Lob sparsam, setzen es ein, wenn er es wirklich verdient, wenn er z.B. sofort kommt und nicht erst, nachdem er das zweite Mal markiert hat.

3.6. Desire to please

Dazu fällt mir der geniale Spruch von Heinrich Stahl *(Musher, Trainer und Züchter der GTH's, vormals Malamutenbesitzer u.a. erfolgreiche Teilnahme an Rennen)* ein, er schrieb einmal:

„Du führst ein Gespräch (Anmerkung des Autors: Gespräch ist hier gleichzusetzen mit „Schimpfen") mit einem Malamuten... der steht auf schüttelt sich und die Rute kommt hoch... und weiter geht es... Du führst ein Gespräch mit einem Sibirian (Husky)... der steht auf schüttelt sich... schaut ein wenig vorsichtig... und die Rute kommt hoch... und weiter geht es.... Du führst ein Gespräch mit einem Border Collie... der steht vorsichtig auf... und kriecht

dir die nächsten zwei Wochen unter der Grasnarbe nach... Mit den Ersteren... ist einfach schlecht Schafe zu hüten... und auch bei denen – ein Laie glaubt das nicht – gibt es massive Unterschiede...".

Der sogenannte „Desire to please" oder „Will to please" ist der „Wille des Hundes, gut zu sein". Jeder „normale" Haushund hat diesen Willen, er möchte für sein Herrchen gut und brav sein, möchte gelobt werden für alles was er gut gemacht hat, weshalb er auch soviel wie möglich richtig und gut macht, damit er wieder gelobt wird. Ein Malamute oder allgemein Nordische Hunde haben dagegen keinen „Desire to please". Bei ihnen heißt es, wie mein Mann so schön sagt: *„Desire to please – no thank you"*, grob übersetzt: *„Der Wille gut zu sein? Nicht mit mir!"*. Sie können einen Collie zwanzigmal „Sitz!" machen lassen, er wird es mit Freude tun, wenn Sie ihn entsprechend loben. Der Malamute ignoriert Sie nach dem vierten Mal, weil er einfach keine Lust mehr hat und/oder keinen Sinn darin sieht. Ein Schlittenhund ist sehr selbständig, eigenständig, aber trotzdem gibt es auch hier, wie bei jeder Rasse, Unterschiede. Der eine Malamute ist da vielleicht eher wie ein Collie, niemals genauso, aber vielleicht macht er „Sitz!" auch noch nach dem vierten Mal. Das ist auch der Grund, warum viele Leute sagen, dass man Malamuten gar nicht erziehen kann, da sie ja gar nicht den Willen haben, gut zu sein. Doch das ist Unsinn, auch wenn ein Malamute nicht nach dem vierten Mal „Sitz!" macht, heißt das nicht, dass man diese Rasse nicht erziehen kann. Er muss auch nicht so folgen wie der Collie aus unserem Beispiel, denn jeder, der einen Malamuten hat, erwartet von ihm keinen Kadavergehorsam. Der Reiz an einem Malamuten ist, dass er eben genauso selbständig und eigenständig ist, wie er eben ist. Er soll einen Befehl befolgen, wenn er ihn bekommt, aber keiner kann von einer solchen Rasse Kadavergehorsam oder blinden

Gehorsam verlangen, denn er neigt dazu, einen Befehl eigenständig zu beenden, wenn er ihm sinnlos erscheint oder zu lange dauert. Dies z.B. wenn Sie ihn in Platz schicken, kann es gut passieren, dass er nach 3-5 Minuten von selbst aufsteht und geht, während ein gut erzogener Schäferhund nach 2 Stunden immer noch brav daliegt und darauf wartet, dass Sie den Befehl beenden und Ihn loben. Der Unterschied ist hier: Der Schäferhund findet es gut zu gehorchen – „Desire to please" eben, er tut es für Sie. Der Malamute tut es, weil er es muss und nur solange, bis er meint, er muss es nicht mehr und wenn Sie den Befehl dann nicht ganz schnell wiederholen, beschäftigt er sich selber.

3.7. „Fetisch"

Bevor Sie jetzt an etwas Schmutziges denken, kann ich Sie beruhigen, das Wort „Fetisch" hat nicht nur etwas mit sexuellen Vorlieben zu tun. Auch Hunde können einen Fetisch entwickeln. *Ein Beispiel:* Ihr Hund streckt die Schnauze auf den Tisch und will etwas klauen. Sie nehmen eine Fliegenklatsche und hauen Sie auf den Tisch, der Hund erschrickt und lässt es bleiben. So machen Sie das regelmäßig. Was passiert nun aber, wenn die Fliegenklatsche einmal nicht da ist? Klaut er weiter? Unter Umständen, ja! Hat sich der Hund an dieses Geräusch oder „Werkzeug" gewöhnt, ist er so darauf fixiert, dass Sie ihn nur noch vom Tisch fernhalten können, wenn die Fliegenklatsche da ist. Ein Fetisch ist eine Fixierung des Hundes auf einen Gegenstand, er respektiert diesen, aber nicht Sie. Um dem vorzubeugen, kann man dazu die ersten Male einfach ein „Nein!" sagen (was Sie ohnehin immer tun sollten!) oder auch nur einen Befehl geben – damit machen Sie den Befehl wichtiger als das Objekt, in dem Fall: Die Fliegenklatsche – und den Hund vom Tisch wegknurren *(ja,* auch Knurren versteht der Hund als: *Lass es sein!*, dies muss aber bei manchen Hunden erst angelernt werden – Knurren lernt der Hund von der Mutter oder den Geschwistern als negatives Signal, es ist also kein „instinktiver" Laut, sondern ein Erlernter – wenn ihr Hund nicht auf das Knurren reagiert, muss er es erst lernen) oder wegschieben – auch ein Wechseln der Gegenstände, z.B. anstatt Fliegenklatsche eine Zeitung o.ä. bietet sich an. Sie können dem Hund die Fliegenklatsche auch mit etwas Leberwurst einschmieren und ihn das mal ablecken lassen, damit es ihm die Angst davor nimmt. Lassen Sie dieses „Werkzeug" auch einmal ganz weg und knurren Sie nur oder geben Sie Ihren Befehl. Ständig nur mit einem Gegenstand zu arbeiten, sorgt dafür, dass der Hund einen Fetisch auf eben diesen Gegenstand entwickelt und ohne ihn können Sie dann nicht mehr mit ihm arbeiten oder nur noch sehr schwer.

Generell ist es von Vorteil, wenn der Befehl wichtiger ist als jedes Hilfsmittel.

3.8. Körperhaltung und Körperspannung

Dies ist ebenfalls ein wichtiger Punkt beim Arbeiten mit Hunden, denn nicht nur, dass Ihre Stimme voller und kräftiger wird, wenn Sie sich aufrecht hinstellen, die Schultern durchstrecken und den Körper anspannen, nein, auch Ihr Hund bemerkt Ihre durchaus stolze, dominante Haltung. Und er wird darauf reagieren. Bauen Sie sich z.B. vor Ihrem Hund auf, wird er sich klein machen, beschwichtigen, denn Sie sind groß und mächtig. Ihr Körper drückt Macht aus. Lassen Sie die Spannung fallen, also die Muskeln locker, nehmen eine entspannte Körperhaltung ein, dann wird auch Ihr Hund ruhiger, er erkennt, dass Sie sich entspannt haben und tut es Ihnen gleich. Beim Arbeiten können Sie dies einsetzen –

zusammen mit Stimme, Tonlage und dem richtigen Timing eine unschlagbare Kombination. Lassen Sie locker, wenn Sie loben, richten Sie sich auf, spannen die Muskeln, wenn Sie strafen. Üben Sie das ein paar Mal, ich habe es immer vor dem Spiegel probiert, heimlich natürlich. Und dann auch draußen mit den Hunden. Am Anfang ist es anstrengend, weil man sich sehr konzentrieren muss, aber mit der Zeit macht man es dann automatisch, ohne noch darüber nachdenken zu müssen. Dies ist natürlich nur im Zusammenspiel mit Führung, Konsequenz und Erziehung sinnvoll.

3.9. Aversiv oder Positiv?

Ein schwieriges Thema, bei dem die Meinungen bis ins Extreme auseinandergehen. Doch zuerst einmal die Erklärung:

Aversiv bedeutet, dass man einem Hund etwas über Zwang beibringt – aversiv ist alles, was den Hund in seinem Willen einschränkt. Zwangmittel Nr. 1 ist, fast keiner glaubt es, die Hundeleine.

Z.B. der Befehl „Stop!", ein Leinenruck (die Leine ist hier das Zwangmittel), bleibt der Hund stehen, ist das in Ordnung. Unter Arbeit mit Zwang fallen Möglichkeiten wie psychischer oder körperlicher Zwang, also auch ein scharfes „Nein!" oder „Aus!" sind eigentlich aversive Erziehungsmethoden. Ebenfalls aversiv ist auch eine vorgegebene Fressenzeit, da Sie dem Hund dann nach einer bestimmten Zeit, wenn er nicht gefressen hat, den Napf wieder wegnehmen und ihm somit das Futter entziehen. Dadurch lernt der Hund, dass Sie das Futter einteilen, denn:

Grundsatz 2:
Wer das Futter hat, hat die Macht!

Es ist also nicht alles schlecht, was unter Aversiv läuft *(zu den Themen Anti-Jagd-Training und Starkzwang lesen Sie bitte im 15. Kapitel ab S. 155 nach).*

Wichtig hierbei noch: Bestimmte Verhaltensweisen wie Leinenaggression, Hund beisst ins Zuggeschirr oder Anspringen können per Umlenken oder mit leichtem Aversiv behoben werden – wenn Sie wollen, dass der Hund das Verhalten beibehält, also z.B. weiter hochspringt, aber es auf Befehl bleiben lässt, dann sagen Sie den Befehl dazu, konditionieren den Befehl also. Wollen Sie dies nicht, machen Sie es so, dass der Hund einen plötzlichen Reiz bekommt, *das Geräusch einer Wurfkette z.B.* oder auch, indem Sie die Leine nehmen und ihm einen kleinen Ruck damit geben, sobald er reinbeißt, wortlos!

Denken Sie daran: Der Hund braucht den aversiven Reiz so stark, dass er es beim ersten Mal bleiben lässt und erst gar nicht wieder versucht, ansonsten kann es sein: Der Hund springt z.B. immer wieder hoch und Sie steigern weiter den Reiz, welchen der Hund aber nicht mehr als Abbruch ansieht, sondern als Ansporn weiterzuspringen.

Sind Sie sich nicht sicher, welche Methode Sie bei Ihrem Hund anwenden sollen, zögern Sie nicht, einen Profi zu kontaktieren. In diesem Buch wird teilweise das Umlenken beschrieben, da dies eine relativ „fehlerfreie" Methode für den Ersthundehalter ist – beim Welpen ist es sinnvoll, da dieser noch nicht weiß, was er tun darf und was nicht – aber auch beim erwachsenen Tier kommt es auf den Hund an, ob Sie

damit Erfolg haben. Wenn Sie merken, dass Sie über Umlenken keinen Erfolg mehr haben oder bei starken Aggressionsformen des Hundes, also Leinenaggression, Geschirr beissen, Befehle wie „Nein" oder „Aus" etc., dann nutzen Sie aversiv, aber immer: Nur so hart wie nötig.

Positiv heißt, rein über Lob und Leckerlis, keine Strafe. Schlechtes Verhalten vom Hund wird ignoriert.

Meine Meinung ist klar und simpel: Weder die eine noch die andere Methode ist das Wahre, vielmehr macht eine Mischung aus beidem Sinn. Dabei kommt es auch darauf an, ob ich mit einem Welpen oder einem erwachsenen Hund arbeite. Ein Welpe lernt fast alles im Spiel, mit viel Lob und Leckerlis oder auch über Umkanalisieren.

Z.B. Der Welpe frisst Ihren Schuh an, Sie gehen hin, sagen „Nein!" oder „Aus!", nehmen ihm den Schuh weg und dafür bekommt er einen Ball, auf dem er herumbeißen darf – hier wird ein leichtes Aversiv genutzt, der Befehl „Nein". Erst als Junghund kann man bestimmte Befehle mit verstärktem Aversiv verknüpfen.

Wieder der Schuh: Der Junghund frisst Ihren Schuh an, Sie gehen hin, sagen „Nein!" (hier wird der Ton schärfer), nehmen den Schuh mit und das war es, genauso beim erwachsenen Hund. Zwar können sie auch dem Junghund oder dem Erwachsenen danach noch einen Ball geben, aber passen Sie auf, dass er sich nicht absichtlich den Schuh holt, damit er den Ball bekommt. Unsere Hunde sind Gauner! Ein Malamute weiß, wie jeder Hund, wann er Sie austricksen kann und er wird es, wie jeder Hund, versuchen. Natürlich! Zeigen Sie ihm die Grenzen, geben Sie ihm einfach einmal keinen Ball, wenn er

von Sabrina Kowsky

den Schuh angefressen hat. Sie sind sein Chef und er kann es zwar versuchen, aber lassen Sie ihn nicht damit durchkommen.

Die Lernreihenfolge hierbei:

Welpe

Grunderziehung nur positiv über Lob und Leckerlis, Triebe umkanalisieren, *siehe S. 33 am Beispiel Ball*. Natürlich nutzen Sie auch beim Welpen bereits Befehle wie „Nein" oder „Aus" z.B., vor allem eben über umkanalisieren, d.h. das Nehmen des „schlechten" Gegenstandes, z.B. den Schuh, und dafür das Geben des „positiven" Gegenstandes – ein Ball, Spieltau etc.

Junghund

Leckerlis werden langsam zurückgestuft, Befehle werden deutlich eingeordnet in wichtige Befehle, z.B. „Aus!", „Nein!", „Stop!" – Wechsel von der Tonlage ins Aversive, also schärfer, der Hund muss lernen, dass dies Befehle sind und keine Bitten; bei wichtigen Befehlen gibt es keine Nachsicht! – Dies ist vor allem bei Malamuten wichtig, da sie nun in dem Alter sind, wo sie anfangen, selbständig zu werden und ihren Besitzer immer wieder mal gerne in Frage stellen, wenn ihnen ein Befehl gerade mal nicht in den Kram passt.

Erwachsener

Siehe Junghund, muss aber auch ohne Leckerlis funktionieren. Er muss sich Leckerlis verdienen, also vor allem über Arbeit, *siehe auch im Kapitel „12. Die richtige Auslastung" ab S. 108*.

4. Persönliche Voraussetzungen

Jetzt haben Sie bereits die wichtigsten Grundkenntnisse über das Wesen eines Alaskan Malamute. Wenden wir uns nun also *Ihren* persönlichen Vorraussetzungen zu, denn nicht jeder Mensch ist geeignet, einen Malamuten zu halten. Schon alleine durch den fehlenden Willen, gut zu sein, braucht ein Malamute eine konsequente und dominante Führung. Er braucht jemanden, der ihn durchs Leben führt, fordert und trainiert, aber nicht jemanden, der ihn schlicht und einfach nur liebt. Als Kindersatz ist ein Malamute der völlig falsche Hund. Trauen sie sich das zu?

Prinzipiell sagt man, dass man nur einen Hund halten sollte, den man auch festhalten kann, wenn es die Situation erfordert. Ein Nachbar von uns, ein älterer Herr, holte sich einen 8-jährigen Malamuten aus dem Tierheim, ein Hund, der von seinem Wesen her eher ein typischer Haushund war. Er verlangte keine Auslastung, außer seine regelmäßigen Spaziergänge, was vor allem an seiner schmerzenden Hüfte und einem gewissen Übergewicht lag. Er hatte nichtsdestotrotz einen kräftigen Zug und konnte sein Herrchen durchaus mitreißen, wenn es ihm nicht schnell genug ging oder er einen Hasen entdeckte. Dies kann man mit dem richtigen Training – für Halter und Hund – in den Griff bekommen, aber trotzdem bitte ich jeden, es sich genau zu überlegen, ob ein Malamute denn in sein Leben passt. –

Können Sie ihm die Auslastung geben, die er braucht? Und das jeden Tag? Bei jedem Wetter? Bei kälterem Wetter sogar noch öfter, länger, denn ein Schlittenhund ist erst bei kühleren Temperaturen so richtig aktiv. Können Sie ihn halten oder trauen Sie es sich zu, den Hund so zu erziehen, dass er nicht wie verrückt zieht, sobald er irgendwohin will? Ja? Wundervoll! Diesen Punkt der Erziehung werden wir später noch ausführlicher ansprechen.

4.1. Leben in der Stadt

Sie wohnen in einer Großstadt und hätten gern einen Malamuten? Jeder mag anders darüber denken, doch ich bin strikt dagegen. Ein Malamute ist ein Arbeitshund, er will gefordert werden, er will arbeiten und einige Spaziergänge im Park lasten diesen Hund nicht aus und das ist es, wofür er da ist: Auslastung. Er will arbeiten, er wurde dazu gezüchtet. Bekommt er diese Auslastung nicht, wird er sich früher oder später langweilen, weglaufen oder sich selbständig machen, alles zerstören und zerbeißen, was er findet, bevorzugt Teppiche und Möbel, weil er sich selbst eine Beschäftigung sucht. Und auch wenn Sie einen großen Garten haben, der natürlich entsprechend eingezäunt ist, damit Ihr Malamute nicht darüber springen oder sich darunter durchgraben kann. – Wobei zu erwähnen ist, dass ein Malamute prinzipiell gerne gräbt.

Haben Sie einen Zierrasen? Sind Sie stolz darauf? Falsche Rasse! Ein nur im Garten eingesperrter Hund wird unruhig werden, Stress empfinden und es ist furchtbar, ihn derart verkümmern zu sehen. Zudem wird sich ihr Hund mit der Zeit furchtbar langweilen und somit entsprechend tun, was immer ihm gerade sinnvoller erscheint, sei es zur Nachbarshündin gehen oder die teure Teakholzbank anknabbern.

Also, wenn Sie mitten in einer Stadt wohnen, holen Sie sich keinen Malamuten oder Husky oder prinzipiell einen anderen Leistungshund, der ausgelastet werden will. –

Können Sie diesen Bedürfnissen nicht gerecht werden, so würde ich dies als nicht artgerechte Haltung; ja sogar Tierquälerei bezeichnen.

Ausnahme: Sie wohnen am Stadtrand oder haben allgemein die Möglichkeit, den Hund regelmäßig und artgerecht auszulasten. Sehen Sie Ihren Malamuten als Sportler, er will ebenso gefordert und gefördert werden.

4.2. Wohnung, Garten, Zwinger

Einen Malamute in der Wohnung halten? Ist das nicht dasselbe wie Stadthaltung?

Nein. Auch wir halten unsere Hunde in der **Wohnung**, denn ein Hund braucht keinen Garten. Bekommt er den Auslauf, bzw. die Auslastung, die er benötigt, verlangt er nicht nach einem Garten, um darin weiter zu toben. Natürlich ist es von Vorteil, wie bei uns auf dem Land, wenn man nur über die Straße zu gehen braucht und direkt am Weiher entlang spazieren oder angespannt mit den Hunden über die Feldwege bzw. im Winter über schneebedecktes Eis fahren kann.

Wir haben zwei Malamute-Rüden. Bei gleichgeschlechtlicher Haltung, *was für einen Hundeanfänger nicht zu empfehlen ist,* sind zwei Hunde in der Wohnung das absolute Maximum, da jeder seinen individuellen Freiraum verlangt. Halten Sie hingegen zwei Hunde pärchenweise, *was ich Ihnen unbedingt nahelegen würde,* reicht es, wenn Sie jedem Ihrer Hunde einen festen Platz einrichten, wo jeder sich hinlegen kann und wo Sie jeden der Beiden hinschicken können, wenn z.B. Besuch kommt. Bei pärchenweiser Haltung werden beide ohnehin die meiste Zeit zusammenliegen, von daher wird keiner, wie bei gleichgeschlechtlicher Haltung, einen gewissen Freiraum verlangen. Aber ein fester Futterplatz für jeden sollte trotzdem immer vorhanden sein.

Wenn Sie einen **Garten** Ihr Eigen nennen, achten Sie, bevor Sie Ihren Hund holen, darauf, dass er „malamutesicher" ist. Das heißt: ausbruchssicher. Am Sinnvollsten wäre ein etwa zwei Meter hoher Zaun, dichtmaschig, davor eine Hecke, unten extra abgesichert, damit Ihr Hund nicht durchschlüpfen oder sich durchgraben kann. Vor allem Welpen sind neugierig und klein genug um darunter durchzukriechen.

Haben Sie genügend Platz einen **Zwinger** aufzustellen, ist dies eine Möglichkeit, die Hunde außerhalb der Wohnung alleine zu lassen. Hierbei sollte wiederum beachtet werden:
Ein Welpe bleibt immer im Haus und wird erst später langsam an den Zwinger und das damit verbundene allein sein gewöhnt.
Ein Einzelhund wird niemals im Zwinger gehalten, bei zwei Hunden hingegen ist das kein Problem.
Über Nacht bzw. wenn Sie eben wieder zuhause sind, kommen die Hunde ins Haus. Der Zwinger ist da, um die Hunde zeitweilig draußen zu lassen, allerdings nicht, damit sie ständig darin wohnen.

Vom Veterinäramt in Ihrer Stadt erfahren Sie die geforderten Maße für einen Zwinger. Die dort angegebene Mindestgröße richtet sich nach der Anzahl der Hunde. Natürlich ist es gern gesehen, wenn der Zwinger größer ist als die geforderten Mindestmaße und auch Ihr Hund wird nichts dagegen haben, aber bedenken Sie: Bei einer konsequenten Zwingerhaltung verschenken Sie gemeinsame Zeit, die sich bei einer Haltung im Haus auf die Bindung positiv auswirken würde! Es ist also auch ein Vorteil, die Hunde mit in die Wohnung zu nehmen, da Sie Ihre Anwesenheit genießen und dies für die Bindung äußerst positiv ist, was wiederum Erziehung und Handling (=Handhabung) erleichtert.

4.3. Der Malamute als Einzelhund oder Zweithund

Ein einzelner Hund wird sich stärker an Sie binden, denn ein Malamute ist kein revierbezogener Hund, d.h. er bindet sich nicht an ein Grundstück oder Haus, weshalb er auch als Wachhund ungeeignet ist.

Ein Malmute ist ein personenbezogener Hund, er bindet sich an seine Bezugsperson, also an Sie, bzw. an Ihre Familie, ob nun Hündin oder Rüde ist völlig egal und bleibt Ihnen überlassen, der Mythos, ein Rüde binde sich stärker an eine Frau und eine Hündin stärker an einen Mann, ist unsinnig.

Einen Malamuten alleine in der Wohnung zu lassen, ist, nach meiner Erfahrung, nur bedingt möglich. Irgendwann wird Ihrem Hund langweilig werden und entweder er heult steinerweichend über Stunden oder er beschäftigt sich mit etwas, zumindest für ihn, Sinnvollerem, z.B. dem Zerteilen von Büchern, Möbeln und allem, was ihn eben interessiert. Unsere Hunde haben einmal eine Schachtel Tampons und Binden zerlegt, die Einzelteile wurden dabei in einem seltsam anmutenden „Teppich" über die komplette Wohnung verteilt.

Einen Einzelhund sollte man nicht alleine lassen. Er versteht nicht, warum Sie weggehen und weiß auch nicht wohin. Ihr Hund möchte bei Ihnen bleiben, denn Sie sind die Person an der er sich orientiert, an die er sich bindet. Ihr Hund wird anfangen dauerhaft zu heulen und sich furchtbar langweilen. Darunter leidet Ihre Wohnungseinrichtung, Kissen, Bücher, Couch, was ihm eben zwischen die Zähne kommt. Bei einem Einzelhund sollte man darauf achten, dass immer jemand da ist, der sich mit ihm beschäftigt. Kürzere Zeit hingegen kann er durchaus alleine bleiben, wenn es vorher entsprechend trainiert wurde.

Bei einem Malamuten als Zweithund empfehle ich Ihnen eine pärchenweise Haltung, also immer Rüde und Hündin. Ein Malamute ist ein dominantes Tier, welches keine anderen dominanten, gleichstarken oder stärkere, gleichgroße oder größere Rüden neben sich duldet. Ebenso verhält es sich bei den Hündinnen. Mit spätestens zwei oder drei Jahren wird Ihr Malamute beginnen, Ihren vorhandenen Rüden oder die Hündin zu dominieren, unterwirft sich dieser/diese nicht, kann das unter Umständen in einer üblen Keilerei enden, solange, bis sich einer letztendlich unterwirft. Unser Collie z.B. war ein äußerst unterwürfiger Rüde, der sich von Vornherein den beiden erwachsenen Malamute-Rüden unterwarf, obwohl er der Älteste war. Er wusste, dass er keine Chance gegen beide gehabt hätte – nicht einmal gegen einen, und zeigte deshalb auch keinerlei Dominanzanzeichen. Im Rang wurde er von uns, obwohl Ältester, unter beiden Rüden eingestuft. Er bekam also sein Futter als Letzter, durfte als Letzter durch die Tür usw., dadurch verhinderten wir Auseinandersetzungen, denn beide Rüden wussten genau, dass sie dem Collie vor allem kräftemäßig haushoch überlegen waren. Hätten wir den Collie rangmäßig über beiden oder auch nur über einen eingestuft, hätten sich die Hunde ihre Ränge selbstständig neu eingeteilt. Das heißt: Einer oder beide Rüden hätten den Collie dominiert, ein Muckser von diesem und es wäre zu einer Konfrontation gekommen, bis sich der Collie unterworfen hätte. Und damit wären einer oder beide Malamuten im Rang wieder aufgestiegen. Daher ist es am besten, sie halten zwei Hunde immer paarweise, denn bei Rüde und Hündin ist immer die Hündin heimlicher Chef. Kein gut sozialisierter Rüde würde jemals eine Hündin angehen. Niemals, da die Hündin für die Weitergabe der Gene verantwortlich ist – sie gebiert die Welpen. Wenn die Hündin ihn wegknurrt, lassen Sie ihr das Recht.

von Sabrina Kowsky

5. Die Wahl des Hundes

In diesem Kapitel erfahren Sie, nach welchen Kriterien Sie Ihren zukünftigen Vierbeiner auswählen sollten, insbesondere welche Erbkrankheiten beim Alaskan Malamute auftreten können, die es auszuschließen gilt.

! Achten Sie bei der Suche nach einem Welpen vor allem auf die sogenannten „Vermehrer". Leute, die sich als Hobbyzüchter ausgeben und Hunde nach gutem Aussehen miteinander verpaaren („Der Rüde ist schön und die Hündin ist schön, die bekommen also auch schöne Welpen..."). Bei diesen spielen Gesundheit, oftmals auch Hygiene oder die Weitergabe von diversen Erbkrankheiten an die Welpen keine Rolle. Diese Leute werden von seriösen Züchtern verachtet – und das völlig zu Recht. Kaufen Sie also niemals einen Hund bei Leuten, die sich als „Züchter" bezeichnen, deren Hunde aber nur nach dem Aussehen verpaart werden!

Empfehlenswert ist beim Welpenkauf generell, sich eine ärztliche Bescheinigung zeigen zu lassen, die bestätigt, dass keines der Elterntiere (oder auch der Großeltern) Träger einer Erbkrankheit ist. Diese sind z.B.:

HD (Hüftdysplasie oder Hüftgelenksdysplasie)
Die Hüftdysplasie ist eine Fehlentwicklung des Hüftgelenks. Vor allem großwüchsige Rassen sind hiervon besonders betroffen, obwohl die Krankheit bei allen Hunderassen auftreten kann. Das erstemal wurde sie beim Deutschen Schäferhund diagnostiziert und daher wird die Erkrankung fälschlicherweise hauptsächlich mit dieser Rasse in Verbindung gebracht, obwohl mittlerweile andere Rassen stärker betroffen sind. Die Häufigkeit des Vorkommens beträgt je nach Rasse 4 bis etwa 50%.

PRA

Die generalisierte Progressive Retina Atrophie (gPRA; bezeichnet ein fortschreitendes Absterben der gesamten Netzhaut des Auges) ist eine erblich bedingte Augenerkrankung, die viele Hunderassen betrifft. Es ist ein beständig weiter fortschreitendes Leiden, welches im Endstadium leider immer zur Erblindung des Hundes führt. Die PRA ist, nach derzeitigem Stand, nicht behandelbar oder heilbar. Die Krankheit kommt sowohl bei Rassehunden, als auch bei Mischlingen vor.

Katarakt (Grauer Star)

Kongenitaler Grauer Star ist angeboren (wobei die Definition einiger Quellen auch lautet „kann kurz nach der Geburt auftreten"), er kann erblich (hereditär) oder durch eine intrauterine (Bezeichnung für Prozesse innerhalb der Gebärmutter) Schädigung bedingt sein.

Juveniler Grauer Star, der bis zum Alter von 6 Jahren auftritt, das jugendlich (juvenil) ist hier etwas irreführend verwendet.

Seniler Grauer Star, Erkrankung, die mit den Veränderungen des Alters auftritt

Quelle: www.polarhunde-nothilfe.com/Wissen/gesundheit/wissen_katarakt.htm

ED (Ellbogendysplasie)

Unter Ellbogendysplasie versteht man eine Miss- oder Fehlentwicklung im Bereich des Ellbogengelenkes, welche durch das nicht Zusammenpassen der gelenkbeteiligten Knochen zu einer Erkrankung des Gelenkes führt. Diese kann von verschiedenen Ursachen ausgelöst werden: Einerseits gibt es eine genetische Komponente, die dazu führen kann, dass die verschiedenen am Ellbogengelenk beteiligten Knochen miss- oder fehlgebildet werden. Andererseits gibt es überlastungs- oder unfallbedingte Ursachen für eine Ellbogendysplasie. Beide Komponenten können separat oder gemischt auftreten, was nicht immer einfach zu unterscheiden ist.

Wichtig ist dabei, dass die genetische Komponente nur durch gezielte Zucht, die überlastungsbedingte Komponente durch eine gute Aufzucht und Haltung im jugendlichen Alter verhindert oder minimiert werden kann.

Grund dafür ist das enorme Knochenwachstum im Alter von 5 bis 9 Monaten. Somit ist es nicht erstaunlich, dass die klinischen Symptome in eben diesem Altersabschnitt auftreten und einem jungen Hund das Erwachsenwerden erschweren.

Bis vor einiger Zeit hat man angenommen, dass die Ellbogendysplasie mit dem Auftreten der Hüftgelenkdysplasie (HD) gekoppelt sein könnte. Studien haben aber gezeigt, dass die beiden Erkrankungen keinen genetischen Zusammenhang und somit außer einem ähnlichen Vererbungsmodus nichts miteinander zu tun haben.

Quelle: www.kleintiermedizin.ch/hund/ed

Lassen Sie sich niemals einreden, dass dies unwichtig ist, weil der Hund diese Krankheiten nie oder nur selten oder aus sonstigen Gründen nicht bekommen kann! Jede (Erb-)Krankheit sollte unbedingt ernstgenommen werden, denn Sie wollen doch keinen z.B. zwei Jahre alten Hund oder Welpen einschläfern lassen müssen, nur weil er an einer Krankheit starb, gegen die jeder Züchter tierärztlich untersuchen lässt? Ebenso sollte jeder Welpe entwurmt, geimpft und auf jeden Fall schon tierärztlich untersucht worden sein. Ein Impfausweis und Entwurmungsnachweis sollte man Ihnen vorlegen, bzw. mitgeben können.

5.1. Vom Züchter

Einen Züchter zu finden ist nicht schwer. Das Internet bietet hierzu eine Vielzahl an Seiten, zudem können Sie sich bei diversen Vereinen erkundigen, welche Sie gerne über ihre Züchter informieren. Einen guten Züchter zu erkennen, ist wiederum eine ganz andere Sache. Denn selbst, wenn Sie vor Ort sind und Ihnen mehrere Malamuten entgegenkommen, von oben bis unten mit Schlamm und Dreck besprizt, heißt dies nicht automatisch, dass die Hunde schlecht gehalten werden. Wenn die Hunde z.B. erst vor Kurzem vor den Trainingswagen gespannt wurden und gearbeitet haben, sehen sie nun mal nicht aus, als hätte man sie gerade gebadet und gebürstet. Sie sehen nach Arbeit aus. Und Selbst eine uralte Zwingeranlage kann erscheinen, als würde sie den nächsten Sturm nicht überstehen, sie kann trotzdem einem fantastischen Züchter gehören. Der erste Eindruck täuscht oft. Nehmen Sie sich die Zeit, vereinbaren Sie einen Termin und sehen Sie sich in Ruhe alles an. Sprechen Sie mit dem Züchter oder der Züchterin, sehen Sie sich die Hunde an, die Elterntiere Ihres vielleicht zukünftigen Welpen, lassen Sie sich alles erklären. Seriöse Leute werden vor Ihnen nichts verstecken und alles ruhig und gut erklären können, aber Sie haben auch nicht ewig Zeit, denn schließlich gehören die Hunde versorgt und dies ist nun mal eine Vollzeit-Arbeit. Vergleichen Sie mehrere Züchter, sehen Sie sich verschiedene Leute an und überlegen Sie dann erst einmal in Ruhe. Lassen Sie sich nicht zu Spontankäufen verleiten. Eventuell macht es auch Sinn, erst einmal eine Woche oder einige Tage bei einigen Züchtern als sogenannter „Doghandler" zu arbeiten, d.h. Sie helfen mit bei den typischen Arbeiten, die rund um die Hunde anfallen und lernen dabei auch gleich den Züchter genauer kennen. Sie wissen wie er arbeitet und wie er mit den Hunden umgeht. Fragen Ihrerseits sollten Sie generell stellen, egal wie seltsam Sie Ihnen vorkommen mögen, man wird Sie gerne beantworten, denn jeder der nachfragt, hat Interesse und somit auch Interesse am Hund, an der Rasse. Und, wie heißt es so schön: „Es gibt keine dummen Fragen, nur dumme Antworten.". Eventuell hilft es hier auch, wenn Sie eine Person mitnehmen, die sich bereits mit Malamuten auskennt und Ihnen behilflich sein kann.

Wenn Sie bei einem Züchter sind, der Leistungshunde züchtet, dann fragen Sie ruhig nach, ob Sie einmal eine Runde mit dem Gespann mitfahren dürfen. Wird dies verneint oder gesagt, dass er kein Gespann da hat oder Sonstiges, gehen Sie wieder, denn dies wird kein seriöser Züchter tun. Jeder, der Leistungshunde züchtet, fährt mit ihnen auch bzw. lastet sie dementsprechend aus oder kann Nachweise über die Leistung seiner Hunde vorweisen (Trainingswagen, Geschirre, Rennnachweise, Starterlisten etc.).

5.1.1. Showhund oder Leistungshund?

Ein Showhund wird gerne auf Ausstellungen gezeigt. Bei diesen Hunden achtet man vor allem auf das Aussehen, sie sollten möglichst genau dem angegebenen Rassestandard entsprechen und dadurch auch Preise und Preisgelder gewinnen können. Der Unterschied zum Leistungshund besteht schlicht und einfach darin, dass ein Showhund keinen oder nur geringen Arbeitswillen hat. Das heißt nicht, dass er nicht trotzdem seine Auslastung benötigt, er ist kein Hund, der nur faul auf der Couch liegt, er will ebenso arbeiten, allerdings nicht im selben Maße, wie ein Leistungshund. Es ist also lediglich weniger Arbeitswillen vorhanden, bzw. Showhunde sind i.d.R. nicht aktiv sport- und leistungstauglich. Und ein Leistungshund bringt auch, wie der Name schon sagt, Leistung. Er ist ein Spitzensportler und benötigt daher auch entsprechende Förderung.

5.2. Aus dem Tierheim

So schön es ist, einem herrenlosen Hund aus dem Tierheim ein Zuhause zu geben, so groß sind auch die Probleme, die sich daraus ergeben können. Oft ist die Vorgeschichte unbekannt oder nur in Teilen bzw. beruht auf Gerüchten – oder das vorhandene Wissen über den Hund resultiert aus den Angaben und Beobachtungen der Tierheimmitarbeiter. So etwas ist stets mit Vorsicht zu genießen, denn es gibt nur wenige Tierheime, die wirklich rein mit Nordischen zu tun haben und daher auch ein entsprechendes Wissen und Erfahrung vorweisen können. Suchen Sie sich deshalb ein Tierheim, dass nur Nordische aufnimmt *(einige finden Sie unter: www.nothilfe-polarhunde.com und www.polarhunde-nothilfe.com/Hunde/hundestart.htm)* oder fragen Sie genau nach, was von dem Hund bekannt ist, was beobachtet wurde und lernen Sie ihn kennen, indem Sie mit ihm spazieren gehen. Ein sogenannter Problemhund, also ein Tier, dass schon schlechte Erfahrungen gemacht hat und daher nur in erfahrene Hände abgegeben werden sollte, ist kein Hund für einen Anfänger! Selbst viele Hundetrainer sind mit Nordischen überfordert und können Ihnen oftmals nicht weiterhelfen. Überlegen Sie daher genau, ob Sie mit einem „vorbelasteten" Hund auch wirklich arbeiten können! Sind Sie davon überzeugt und es treten trotzdem Probleme auf, die Sie nicht in den Griff bekommen, dann bemühen Sie einen Hundetrainer *(wie Sie den richtigen Trainer oder eine gute Hundeschule findet, wird im Kapitel 17 , S.159 ff. erklärt)* oder bringen Sie den Hund zurück. So grausam das nun für Sie klingen mag, aber Sie tun weder Ihnen, noch dem

Hund, noch fremden Personen oder Hunden einen Gefallen, wenn Sie Ihren Hund nicht unter Kontrolle haben. Ein Problem, welches Sie nicht lösen können, erfordert entweder professionelle Hilfe oder Sie springen über Ihren Schatten und bringen den Hund zurück. Ihn ansonsten aus Mitleid zu behalten, wäre egoistisch. Der Hund leidet, Sie tun es und eventuell andere, denen Sie begegnen.

5.3. Von Privat

Auch hier gilt: Fahren Sie hin, sehen Sie sich alles an, aber erwarten Sie nicht zuviel. Oftmals wissen die Leute selber, ähnlich wie beim Tierheim, nicht viel über ihre Hunde, z.B. deren Vorgeschichte, ob Leistungshund oder Showhund, manchmal nicht einmal über die Anforderungen, die ein Malamute an seine zukünftigen Besitzer stellt. Sehen Sie sich also auch hier, nach Möglichkeit, mehrere Leute und deren Hunde an, gehen Sie auch mit ihnen mit, wenn Sie die Hunde ausführen und machen Sie sich einen Eindruck davon, wie die Besitzer mit den Hunden umgehen. – Fallen Sie bitte nicht auf Aussagen herein, wie: *„Dieser Hund ist ein Nordischer, der muss wild bleiben, der kann einfach nichts lernen."* – dies ist eine gängige Ausrede der Leute, die ihre Hunde nicht unter Kontrolle haben. Sie mögen zwar nette und gute Hunde haben, aber werden Ihnen bei Problemen nie eine Hilfe sein. Wenn es geht, nehmen Sie jemanden mit, der sich auskennt und Sie beratend unterstützen kann. Der einzige Vorteil eines Privatkaufes ist schlicht der günstigere Preis – und dieser sollte bei der Wahl des Tieres nicht hauptsächlich ausschlaggebend sein.

In jedem Fall ist ein Züchter zu empfehlen, da bei ihnen ärztliche Gutachten der Elterntiere Pflicht sind, d.h. ob bestimmte genetische oder vererbte Krankheiten aufgetreten sind. Ein seriöser Züchter verpaart nur seine besten und daher auch gesunden Tiere, hierbei wird auf HD (Hüftdysplasie), Ellbogendysplasie und Krankheiten der Augen (PRA, Katarakt) geachtet *(siehe S.42 ff.)*. Dies ist wichtig, damit diese Erkrankungen später auch bei den Welpen ausgeschlossen werden können. Bei einem Tierheimhund, sowie beim Privatverkauf gehen Sie unweigerlich das Risiko ein, einen kranken oder später an einer erblichen Krankheit leidenden, Welpen oder Hund zu bekommen.

Sehen Sie sich die Welpen genau an. Klare Augen, saubere Ohren, saubere Schnauze, alle Zähne vorhanden, ein dichtes Fell, welches weder struppig, noch schuppig oder anderweitig ungesund sein darf. Nehmen Sie ein Taschentuch und betupfen den After des Hundes – Durchfall oder ältere, noch im Fell klebende Stuhlreste sollten nicht sein. Bei Rüden prüfen Sie mit der Hand, ob auch beide Hoden abgestiegen sind, d.h. sich außerhalb der Bauchhöhle befinden. Ist Ihnen das unangenehm, dann fragen Sie den Züchter, der Ihnen auch hierbei gerne zur Seite stehen wird.

6. Vor dem Kauf

Worauf muss ich achten?

Es wurde bereits erwähnt, aber da dieser Punkt so bedeutend ist, komme ich noch einmal darauf zurück. Wer einen Malamuten halten will, muss sich im Klaren darüber sein, dass dieser Hund kein Spielzeug ist, kein Kindersatz und auch sonst nichts anderes, als ein Hund, der gefördert, gefordert und, vor allem, geführt werden will. Es ist eine gewisse Dominanz vonnöten, um einen Hund klar und sicher führen zu können. Haben Sie auch nur den geringsten Zweifel darüber (seien Sie hier absolut ehrlich mit sich selbst!) dann lassen Sie es. Dies gilt auch, wenn Sie Probleme damit haben einen solchen Hund auszulasten.

Überlegen Sie es sich also in Ruhe und gezielt und treffen erst dann Ihre Entscheidung. Übereilte Entscheidungen schaden dem Hund, Ihnen und nützen niemanden.

6.1. Die Wohnung welpengerecht gestalten

Bevor Ihr Welpe einzieht, sollten Sie Ihre Wohnung entsprechend vorbereiten, damit sie dem „Ansturm" der kleinen, spitzen Zähne standhält. – Ganz so schlimm wird es natürlich nicht! Seien Sie trotzdem vorbereitet. Schließen Sie alles weg, was sich in Reichweite Ihres Welpen befindet:

• das ist vor allem so etwas wie: Ihre Lieblingsschuhe, teure Handtaschen, Schals, Bücher, Zeitschriften usw.

- Mülleimer sollten einen abschließbaren oder einen Kippdeckel haben, was auch für später sinnvoll ist, denn Essensreste werden aus einem frei zugänglichen, offenen Mülleimer gerne gestohlen

- achten Sie auf zugängliche Elektrokabel und besorgen Sie sich dafür einen Schutzschlauch

- Alkohol, Putzmittel, Kohle, Anzündholz, Süßigkeiten, Arzneimittel, Shampoo, Tabak bzw. Zigaretten usw. – alles erhöht stellen oder in einem gut schließenden Schrank oder Schubladen verstauen

Hunde nutzen alles, was sich in irgendeiner Weise in ihrer Reichweite befindet, zum darauf herumkauen. Ich bin einfach einmal auf dem Boden rumgekrabbelt und habe mir alles aus der Perspektive eines Welpen angesehen. Für einen Welpen ist alles neu, interessant und er kennt seine Grenzen noch nicht, deshalb gehen wir lieber auf Nummer sicher. Bei uns ist die ganze Wohnung auf die Hunde ausgerichtet, d.h. sicher, aber so, dass wir trotzdem alles in Griffweite haben und keiner der beiden Tiere würde auf die Idee kommen, auf einen Schrank oder eine Kommode zu hüpfen und sich zu klauen, was darauf liegt; jedoch ist auch dies ein Ergebnis der Erziehung. Ihr neuer Hund wird es zunächst erst einmal versuchen, da er ja noch nicht weiß, was er nicht darf. Denn im Hundeleben dreht sich alles nach dem

Grundsatz 3:
Was nicht explizit verboten ist, ist erlaubt.

Übrigens haben wir auch die normalen Türgriffe an der Haustür und unserer Gangtüre, also diejenige, welche zum

Flur führt, mit Drehgriffen versehen, denn Hunde lernen schnell, wie man Türen öffnet und sind da sehr gerissen. Achten Sie vor allem auf Giftiges, allgemein Kabel und verschluckbare Teile. Sichern Sie Ihre Wohnung einfach so ab, als hätte Sie ein krabbelndes Kleinkind zuhause. Bedenken Sie dabei, dass Ihr Welpe noch agiler ist, als jedes Kleinkind; also treffen Sie entsprechende Vorkehrungen.

Zudem sollten Sie, bevor ihr Welpe kommt, **Leine, größenverstellbares Halsband oder Geschirr** holen. Ein Geschirr ist für viele Leute am Anfang „sicherer", weil Sie, wenn Sie zu fest an der Leine rucken, den Welpen mit dem Halsband verletzen können, z.B. durch den starken Druck auf den Kehlkopf oder eine Verletzung der Halswirbel. Möchten Sie den Hund später ziehen lassen, geschieht dies über ein spezielles Zuggeschirr - es könnte sich somit das Problem ergeben,

dass der Hund, wenn er gelernt hat, im Geschirr nicht zu ziehen, dies später auch im Zuggeschirr nicht mehr tun wird, denn: *Man kann einem Hund nur etwas nehmen (z.B. dass er nicht mehr zieht), aber nichts geben (z.B. wenn er nicht mehr zieht, ihm lernen, doch zu ziehen – manche Hunde tun es zwar, aber niemals so, wie, wenn man ihm das Ziehen gar nicht erst abgewöhnt hätte).* Wie sich das genau beim einzelnen Hund verhält, dafür spielen sehr viel Faktoren eine Rolle, u.a. die Art der Konditionierung des Hundes, die ich an dieser Stelle leider nicht alle erläutern kann *(für genauere Informationen hierzu möchte ich Ihnen ein Seminar bei Herrn Heinrich Stahl empfehlen – siehe Quellenverzeichnis S. 168 Punkt 8).*

Ich bevorzuge ein Halsband und achte eben besonders darauf, den Welpen nicht hart in die Leine laufen zu lassen.

Körbchen, waschbare Hundedecke, eine Futtertasche für Leckerlis und Futter- und Wasserschüsseln, müssen ebenfalls vorhanden sein. Bei den Schüsseln empfehle ich welche aus Edelstahl, die lassen sich leicht reinigen, sind unzerstörbar und spülmaschinenfest. Wir haben zudem einen Napfhalter, der sich in der Höhe verstellen lässt, damit können Sie ihn auch später für den erwachsenen Hund nutzen und er muss sich nicht verrenken, um an sein Futter oder Wasser zu kommen. Genaueres zur Beschaffenheit des Futterplatzes finden Sie im Abschnitt *"Ernährung" (S. 64 ff.)* – zum Schlafplatz unter *"Der erste Tag und die erste Nacht im neuen Heim" (S. 56 ff.)* und zu den Punkten Leine, Halsband, Geschirr bei *"Der erste Spaziergang" (S. 60 ff.).*

Bei einem erwachsenen Hund informieren Sie sich vorher, ob er überhaupt schon einmal in einer Wohnung gelebt hat und lassen Sie trotzdem nichts Essbares oder Giftiges *(siehe hierzu auch S. 66/67)* offen liegen. Leine und Halsband, sowie Futter- und Wasserschüsseln sollten Sie bereits haben.

7. Den Welpen holen

Die Aufregung steigt, sobald man seinen Welpen abholen kann. Da holt man sich so ein kleines, süßes Tier ins Haus, tapsig, unbeholfen, unheimlich lieb und möchte es einfach nur den ganzen Tag knuddeln. Bremsen Sie sich, so schwer das im ersten Augenblick sein mag. Ein Welpe ist kein Kind und darf auf keinen Fall wie eines behandelt werden. Auch der Spruch: „Der ist ja noch so klein, der braucht noch nichts lernen" ist völliger Unsinn. Der Welpe lernt, bis er bei Ihnen ist, bereits von seiner Mutter, also führen Sie lediglich den begonnenen Lernprozess fort. Fangen Sie erst später damit an, wird es umso schwieriger für Sie, da der Welpe alles über seinen enormen Entdeckungsdrang lernt, alles, was er für sein späteres Leben braucht.

Natürlich spielt ein Welpe nicht im eigentlichen Sinne, sondern ist auf einer großen Entdeckungstour, alles will angeguckt, beschnuffelt und angeknabbert werden, denn so lernt er für später aus den gewonnenen Informationen und ordnet zu: Was ist das? – Wonach riecht es? – Ist das essbar? – Wonach schmeckt es? – Ist das hart oder weich? etc.

7.1. Die erste Autofahrt

Nun halten Sie Ihren Welpen in den Armen, dieses kleine Fellbündel, das Ihr Herz wärmt. Sie stehen vor Ihrem Auto und wollen den kleinen Kerl nach Hause bringen, aber wie?

Am besten ist es, wenn Sie jemanden haben, der Sie fahren kann, denn so können Sie sich auf den Hund konzentrieren. Dann gibt es mehrere Möglichkeiten:

Setzen Sie sich auf den Beifahrersitz, einen Karton mit einem alten getragenen Kleidungsstück (Pulli oder T-Shirt) darin, das nach Ihnen riecht, damit der Welpe Ihren Geruch bei sich behält, da sie Ihn ja zuvor am Arm hatten und setzen den Welpen hinein. Der Karton kommt auf Ihren Schoß, legen sie Ihre Hand hinein, damit er sich bereits an Ihren Geruch gewöhnt und bleiben Sie völlig ruhig, sprechen Sie ebenfalls ruhig und leise mit Ihrem Fahrer, **aber ignorieren Sie den Hund.** Zeigt er Angst und ist unruhig, nervös, dann bestätigen Sie ihn in seiner Angst, wenn Sie mit ihm sprechen und dies bringt später Probleme beim Autofahren mit sich. Wenn der Welpe sich bei der Fahrt übergeben sollte oder sonst ein Malheur passiert, ignorieren Sie es und waschen sie Ihre Klamotten später zuhause. Ansonsten halten Sie einfach an, klären die Situation und wenn sich alle Beteiligten wieder beruhigt haben, dann fahren Sie weiter.

Dazu noch eine wichtige Erklärung:

**Grundsatz 4:
Beruhigende Worte sind gut gemeint,
aber bewirken das Gegenteil.**

Das bedeutet: Jedes Mal, wenn Sie Ihren Hund beruhigen wollen, während er nervös ist, Angst hat oder Sonstiges, bestätigen Sie ihn in seinem momentanen Empfinden. Ein Hund versteht Ihr Mitgefühl aber nicht. In solchen Situationen sagen Sie am besten nichts. Auch, wenn Sie selbst unsicher sind, wie Sie reagieren sollen, ist Ignorieren die risikoärmste Methode. Nichts sagen, lediglich den Hund an der Leine lassen und weiterführen. *Ein Beispiel:* Ich hatte meinen Collie-Rüden an der Leine und ging spazieren, plötzlich ertönte ein Überschallknall und der Hund erschrak furchtbar, wollte panisch davonlaufen. Hätte ich in diesem Moment mit ihm gesprochen, egal was ich gesagt hätte – auch Schimpfen wäre in diesem Fall sinnlos gewesen *(sogenannte sinnlose Ansprache, die der Hund nicht mit der Situation verknüpfen kann, z.B. bei einer neuen Situation oder auch: „negative Ansprache ist trotzdem Ansprache, also Aufmerksamkeit")*, da er es nicht verstehen würde. Der Hund hätte sich bestätigt gefühlt in seiner Angst vor dem lauten Knall und seiner panischen Reaktion und es später wieder und wieder gemacht, bis es zur Gewohnheit geworden wäre. Ich sagte aber nichts zu ihm, hielt die Leine nur fest und ging ruhig und wortlos weiter, sah den Hund nicht einmal an. Dadurch vermittle ich dem Hund: Was regst du dich auf? Das ist etwas völlig Normales. Der Hund sieht, dass Sie ruhig bleiben und erkennt: *„Hey, mein Halter ist ja völlig ruhig, also brauche ich mich gar nicht ängstigen, aufregen etc."* Das er dies nicht beim ersten Mal, in diesem Fall einem Überschallknall, in seinem Leben begreift, dürfte wohl klar sein. So etwas dauert. Je öfter Sie eine solche Situation ruhig meistern, desto besser wird es und desto ruhiger wird auch der Hund.

Zurück zur ersten Autofahrt mit dem Welpen: Bei der ersten Autofahrt, sofern der Welpe Ihr erster Hund ist, ist es besser und sinnvoller, Sie nutzen die erste Version mit dem Karton und gewöhnen den Welpen später an eine sogenannte Transportbox. *Dazu mehr im Abschnitt „9.4. Autofahren" auf S. 80*

7.2. Der erste Tag und die erste Nacht im neuen Heim

Gewiss sind alle Familienmitglieder aufgeregt, wenn sich ein neuer, kleiner Bewohner ankündigt, doch sorgen Sie in den ersten Tagen dafür, dass Ihr Welpe seine Ruhe hat und sich erst einmal an seine neue Umgebung, seine Bezugsperson, also Sie selbst, gewöhnen kann. Sie sind die erste Bezugsperson für Ihren Hund, zu Ihnen wird er die stärkste Bindung aufbauen, daher ist es wichtig, dass Sie immer bei ihm sind. Mein Mann schlief z.B. die erste Tage im Schlafsack neben dem Welpen Akhiro und später, bei unserem zweiten Welpen Bandit, wechselten wir auf die Wohnzimmercouch und schliefen dort, ständig in der Nähe des Welpen, eine Hand immer von der Couch hängend im Welpenbett bzw. einige Zeit sogar neben dem Welpenbett am Boden.

Nach der Ankunft im neuen Heim bringen Sie den Welpen erst einmal an seinen zukünftigen Platz zum Lösen. Möglichst in der Nähe auf einem Rasenstück, damit Sie nicht hineilen müssen, wenn es mitten in der Nacht ist, aber doch von befahrenen Straßen weit genug entfernt oder eben im Garten in einer speziellen Ecke. Danach rein in die Wohnung und bringen Sie den Kleinen erst einmal zu seiner Wasserschüssel, nach der Fahrt wird er zuerst Durst haben, dann am besten noch einmal nach draußen und dann zu seinem Platz. – Nach der Aufregung wird er müde sein und schlafen wollen. Legen Sie das alte Kleidungsstück von Ihnen hinein und setzen den Welpen darauf und geben Sie ihm gleich mal ein Leckerli, damit er den Platz positiv verbindet *(es wird aber noch einige Zeit dauern, bis er weiß, dass es auch sein Platz ist)*, bleiben Sie ruhig neben ihm sitzen und streicheln ihn.

Ist ein Zweithund da, verfahren Sie genauso und sorgen Sie dafür, dass Ihr Welpe auf seinem Platz von niemandem belästigt wird – dies gilt ebenso für den Platz Ihres Zweithundes. Dieser Platz soll für den Hund ein Ruhepol sein, wohin er sich zurückziehen kann, wenn es ihm zuviel wird oder wenn er eine Pause braucht. Von jetzt an immer eine Tasche mit Leckerlis dabeihaben. Aber nicht übertreiben; denken Sie daran, dass ein Welpe noch ein kleines Magenvolumen hat und Sie ihn ja nicht überfüttern wollen *(siehe Kapitel „8. Ernährung" ab S. 64 – wo Sie auch alles zum Thema*

Füttern finden). Beschäftigen Sie sich mit Ihrem Welpen, lassen Sie ihm aber auch seine Ruhephasen, übertreiben Sie es nicht mit dem Spielen und Toben. Und weenn Sie mit ihm spielen, nennen Sie ihn auch gleich beim Namen, am besten natürlich in Verbindung mit einem Leckerli und Lob, wenn er kommt, bzw. am Anfang reicht es, wenn er Sie ansieht. Aber übertreiben Sie auch das nicht, nennen Sie ihn nicht unentwegt beim Namen, denn sonst reagiert Ihr Welpe irgendwann gar nicht mehr darauf. Die richtige Dosierung ist immer das Maß aller Dinge und am ersten Tag lassen Sie ihm möglichst viel Zeit, gehen Sie alles langsam an und mit viel Ruhe und Geduld. Die erste Woche sollten Sie den Welpen auch nicht zum Tierarzt bringen, nicht gleich in eine Hundeschule gehen und sich auch nicht mit anderen Welpen treffen. Der Hund braucht als Erstes eine Bindung zu Ihnen, bevor Sie etwas anderes in Angriff nehmen *(siehe „Bindung ist das A und O" S. 64)*.

Denken Sie auch daran, dass der Welpe nach jedem Fressen, Schlafen und Spielen nach draußen zum Lösen muss, versuchen Sie festzustellen, welche Anzeichen Ihr Hund zeigt, z.B. leises Winseln, Schaben mit den Pfoten, im Kreis laufen etc.

Zur **Transportbox** möchte ich noch anmerken, dass wir diese auch als Schlafplatz genutzt haben, da sie geschlossen werden konnte und der Welpe sich bemerkbar gemacht hat, wenn er raus musste. Das heißt, jedes Mal nach dem Füttern oder wenn der Welpe wach wird, sofort rausgehen und ihn sein Geschäft erledigen lassen.

Wenn ihr Welpe bereits stubenrein (zwischen dem dritten bis maximal sechsten Monat) ist, können Sie ihm auch in Ihrem Schlafzimmer, z.B. neben dem Bett, einen Schlafplatz einrichten, wenn Sie das möchten, allerdings nicht auf dem

Bett, denn erhöht schläft nur der Chef. Natürlich holen wir unsere Hunde auch ab und an auf die Couch, niemals ins Bett, aber wir holen sie und sie dürfen nicht von sich aus rauf.

Viele Leute erlauben es dem Hund trotzdem, im Bett zu schlafen – dies bleibt allein Ihnen überlassen, wichtig ist nur, dass die Führung absolut sichergestellt sein muss, dann kann auch eine erhöhte Position des Hundes diese nicht „ankratzen" – wer unsicher ist, der lässt den Hund auf seinem eigenen Schlafplatz.

Hier nun noch einige Daten zur Entwicklung des Hundes:

In den ersten acht Lebenswochen hat der Züchter die Verantwortung für den Welpen, damit dieser sich gesund entwickelt, sowohl geistig, als auch körperlich und eine optimale Prägung auf Menschen, leichte Umweltreize etc. erhält. Erfahren die Welpen z.B. keinen Umweltkontakt oder auch zuviel, kann sich dies auf ihr späteres Verhalten auswirken, z.B. ein ängstlicher Hund *(unter der 8. Woche darf laut Tierschutzgesetz kein Hund abgegeben werden).*

12. bis 20. Woche: Der Hund *(genaugenommen ist ein Hund ab dem Moment, wo er die Höhle/Wurfkiste verlässt, kein Welpe mehr, der Einfachheit halber werden hier Hunde bis zur 16. Woche noch als Welpen bezeichnet, ab dann nennt man sie Junghunde)* befindet sich in nun in einem Lebensabschnitt, in dem er sich an seine neuen Besitzer bindet, bzw. in ein neues Umfeld integriert wird, er besitzt vor allem jetzt einen starken Entdeckerdrang und lässt sich über Spiel leicht motivieren, ebenso, wie er sehr lernbereit ist.

Ab dem 5. Monat ungefähr steigt das Umweltinteresse des Hundes. Er wird selbstbewusster und will seine Umgebung nun erkunden. Beim Spiel werden Muskeln, Sehnen usw. trainiert – er wird sicherer in seinen Bewegungen.

Ca. zwischen dem 5. und 8. Monat erfolgt die Geschlechtsreife, unter Umständen findet in dieser Zeit die sog. Pubertät statt, jedoch ist dies nichts anderes, als dass der Hund seine Grenzen austestet, was oftmals passiert, wenn man dem Welpen zu viele Freiräume gibt, mit denen ein Welpe noch nicht umgehen kann.

Mit etwa einem Jahr ist der Hunde nun komplett ausgewachsen, mit ca. 1½ Jahren kann eine zweite „Pubertätsphase" auftreten.

7.3. Der erste Spaziergang

„Spaziergang" ist hier eigentlich nicht das richtige Wort, denn Ihr Welpe verlangt noch nicht nach einem richtigen „Spaziergang". Er beansprucht nur wenig Platz für sich, auch in der Wohnung, und von daher hat er auch nicht das Bedürfnis nach langen Streifzügen. Rausgehen und Geschäft erledigen oder Pinkeln lassen genügt völlig. Sie werden es merken, wenn Ihr Welpe von sich aus aktiver und unternehmungslustiger wird und ein Stück länger gehen oder schnüffeln will.

Zwingen Sie ihn nicht zu längeren Spaziergängen, zerren Sie auch niemals an der Leine, dies schadet seiner Skelettentwicklung. Man kann auch sagen: Die Phase des Spazierengehens (Hin- und Rückweg zusammen!) richtet sich nach der Dauer der Spielphase des Welpen, je nachdem wie aktiv er also bereits ist. Spielt er z.B. 10 Minuten und legt sich dann hin zum Schlafen, dann gehen Sie nicht länger als insgesamt 10 Minuten mit ihm spazieren. Und auch hier: Der Welpe bleibt an der Leine, ohne Ausnahme, es sei denn, Sie lassen ihn in den Garten – hier allerdings nie ohne Aufsicht!

Ein noch sehr wichtiger Punkt im Zusammenhang mit dem Treffen von anderen Hunden: **es gibt KEINEN Welpenschutz**. Den sogenannten Welpenschutz erfährt der Welpe nur von der eigenen Mutter und dies nur, solange er sich im Bau/Wurfbox/Höhle befindet, sobald er diese das erste Mal verlässt, entfällt der Welpenschutz sowohl von der Mutter als auch von anderen Hunden. Wie Sie Ihrem Welpen bei einer Konfrontation mit anderen Hunden Schutz geben, erfahren Sie im Abschnitt *„13.2. Fremde Hunde" auf Seite 126*.

Lediglich das unterwürfige Verhalten gewährt dem Welpen einen gewissen Schutz, aber Vorsicht! Dieses Verhalten wird nicht von allen Hunden akzeptiert, sei es Rüde oder Hündin. Achten Sie deshalb genau auf den anderen Hund, ob er knurrt, fletscht, den Welpen ständig bedrängt oder unterwirft – dann beenden Sie das „Spiel" wortlos und nehmen den Kleinen mit. Wichtig ist zuerst, dass Sie Bindung zu Ihrem Hund aufbauen, sozialisiert wurde der Kleine bereits durch seine Geschwister, wahlweise ist eine Welpenspielstunde sinnvoll oder auch ein adulter Hund, der Erfahrung hat und vom Wesen her akzeptabel ist, d.h. kein ängstlicher oder anderweitig mit Problemen beladener Hund, da ein Welpe dieses Verhalten kopiert – er lernt vom Hund 10 Mal schneller als vom Menschen.

Als Freigänger ist der Malamute aufgrund seines ausgeprägten Ernährungstriebes, speziell die Jagd und des fehlenden *„Desire to please"* im Normalfall ungeeignet. Außerdem gilt hier: Die Abrufbarkeit sinkt überproportional mit der Entfernung. Die einzige Möglichkeit, hier mit einem Malamuten zu arbeiten – wobei es auch hier auf den individuellen Hund ankommt – ist über Starkzwang (z.B. Teletakt, welches in Deutschland verboten ist) oder über sehr langes Training mit der Schleppleine. Dies wird im Abschnitt *„14. Verhaltensprobleme" ab S. 143* noch einmal genauer erläutert.

7.4. Das Geschirr anlegen

Am einfachsten klappt das Geschirr anlegen mit einer zweiten Person, die den Welpen mit Leckerchen ablenkt oder mit einem Finger, der mit Leberwurst bestrichen ist und Sie ihm das Geschirr langsam und ruhig anziehen.

Lenken Sie ihn danach ab, indem Sie rausgehen oder mit ihm spielen, damit er nicht an dem, für ihn erstmal, störenden Geschirr herumbeisst.

8. Ernährung

8.1. Bindung ist das A & O

Nach der Trennung von der Mutter hat der Hund ein natürliches Bedürfnis nach Schutz, daher ergibt sich die Bereitschaft des Hundes zur Bindung an den Menschen. Es ist die Aufgabe des Menschen, diesem Bedürfnis gerecht zu werden. Allerdings muss man dabei das gesunde Mittelmaß zwischen Überbehüten und Vernachlässigen finden. Diese Bindung gibt dem Tier Sicherheit und ohne sie ist es ihm nicht möglich, sich positiv mit seiner Umwelt auseinander zu setzen.

Eine sichere Bindung ist also die Basis für Ihr Zusammenleben und für jede Art von Arbeit mit Ihrem Hund. Wie Sie die Beziehung zu Ihrem Malamuten stärken können, wird bei jedem einzelnen Punkt erläutert.

Und dies beginnt schon bei der Ernährung des Welpen.

8.2. Das beste Futter

Die Ernährung ist ein sehr spezielles Thema, bei dem die Meinungen bis ins Extreme auseinandergehen. Von Nass- und Trockenfutter über Rohernährung, das sogenannte Barfen, gibt es viele Möglichkeiten. Auch heißt es, dass man mit Welpenfutter beginnen sollte, weiter über Junghund, Erwachsenen- , bis hin zum Seniorfutter. Ich möchte Ihnen hier meine Erfahrungen als Hundetrainerin und Malamutebesitzerin beschreiben.

Die ersten 4-6 Wochen sollten Sie den Welpen prinzipiell mit der Hand füttern, d.h. richten Sie das Futter her (der Hund darf dabei ruhig zusehen, er soll sogar zusehen), locken Sie ihn evtl. an, setzen Sie sich auf einen kleinen Hocker und reichen ihm immer jeweils eine Hand voll Futter. So nimmt er Ihren Geruch auf, zusammen mit dem Fressen und dies verstärkt die Bindung, denn: Fressen ist der stärkste Trieb des Hundes und indem Sie ihm das Futter geben, es also kontrollieren, steigen Sie in seiner Achtung. Dies gilt auch bei einem neuen erwachsenen Hund. Mit dem Bindungsaufbau beginnt, wenn möglich, nur die Hauptbezugsperson, d.h. derjenige, der die meiste Zeit mit dem Welpen verbringt, da sich ein Welpe bis zum etwa 4. Monat nur an eine Person binden kann – ansonsten füttern im Wechsel alle per Hand, bzw. nach dem 4. Monat die Familienmitglieder im Wechsel – bei Kindern denken Sie bitte daran: Kinder haben keine Dominanz für den Hund, also bleiben Sie beim Füttern immer dabei, bzw. stehen Sie hinter Ihrem Kind und führen seine Hand.

Der Welpe wird zunächst, je nach Alter, 4-5 mal täglich gefüttert, immer in kleinen Portionen, da bei einem Welpen bei einer einzigen riesigen Portion Futter eine Magendrehung quasi vorprogrammiert ist. Da man die Umstellung nicht verallgemeinern kann, informieren sie sich vorher anhand entsprechender Literatur. Nützlich ist auch das sogenannte „Welpenpaket" von z.B. Royal Canin, welches darüber Informationen enthält. Wir haben einfach abgewartet und ca. alle 1 ½ Monate umgestellt immer 1x weniger gefüttert und dafür größere Portionen.

Unbedingt darauf achten: **Nach dem Fressen ist absolute Ruhe angesagt.** Ihr Welpe wird wahrscheinlich ohnehin schlafen wollen (das Rauslassen nach dem Fressen nicht vergessen!), ansonsten geben sie ihm etwas zum Kauen (keinen Ball! Er soll nicht spielen!) und lassen ihn die nächsten 1-2 Stunden in Ruhe. Dies gilt auch für den erwachsenen

Hund. Ruhe heißt: den Hund nicht rauf oder runter springen lassen und auch nicht körperlicher Anstrengung aussetzen – alles, was der Hund von sich aus macht, ist in Ordnung, jedoch sollten Sie oder andere Familienmitglieder ihn nicht zu zusätzlicher Bewegung animieren oder auch Training ist untersagt.

Viele Welpenbesitzer haben Angst, dass ihr Hund **zu schnell zunimmt und fett wird**, bzw. sich das auf seine Gelenke auswirkt. Als Anhaltspunkt kann man sagen: Der Welpe sollte nicht mehr als 1,8 – max. 2kg pro Woche zunehmen. Wiegen Sie Ihren Hund regelmäßig (Leckerlis dabei nicht vergessen!) und notieren Sie das. Für besonders besorgte Halter gibt es bei manchen Tierärzten eine sogenannte Wachstumskurve, die erstellt werden kann. Sie zeigt, wie viel Gewicht ihr Hund ungefähr bei welchem Alter haben darf. Wir haben unsere weggeworfen und hielten es so: Den Hund regelmäßig, z.B. beim Spielen, abtasten. Taille ist von außen gut erkennbar, die Rippen fühl-, aber nicht sichtbar, darüber eine dünne bis ca. 1 cm dicke (bei adulten Hunden im Winter) Fettschicht, dann ist alles in Ordnung.

Unsere **erwachsenen Hunde** werden zwei Mal täglich gefüttert, wenn wir trainieren, also einmal direkt nach dem Training, damit Sie das Futter als Belohnung für die Arbeit erhalten und einmal abends. Stehen die Hunde nicht im Training, wird nur einmal abends gefüttert.

Bestimmte Nahrungsmittel sollten Sie Ihrem Hund nicht geben, u.a. sind welche darunter die **für den Hund giftig sind, wie z.B.**

Zwiebeln: (ein Spezialfall, da diese ab etwa 30 mg pro Kilo Körpergewicht tödlich wirken, bei einem großen Hund richtet z.B. die Zwiebelmenge in einem Cheeseburger, als Beispiel, keinen großen Schaden an): Egal in welcher Form bewirkt eine Zwiebel starke Vergiftungserscheinungen über die komplette Zerstörung der roten Blutkörperchen (Hämolyse), mit folgender Anämie (=Blutarmut), Anorexie (=Appetitlosigkeit, nicht zu verwechseln mit Anorexia nervosa, also Magersucht beim Menschen) bis hin zum Tod.

Avocado: Egal in welcher Form bewirkt eine Avocado eine akute Schädigung des Herzmuskels, einhergehend mit starkem Husten, sowie Wassereinlagerungen. Führt in den meisten Fällen bis zum Tod, da derzeit keine Heilungsmethode oder ein Gegengift existiert.

Kakao und Schokolade: Für den Hund Gift, da das sog. Theobromin tödliche Folgen (z.B. Herzversagen) haben kann – die tödliche Dosis liegt bei 100mg Theobromin pro Kilogramm Körpergewicht.

Nikotin: Vor allem Welpen sind hiervon betroffen, da sie gerne Zigarettenfilter zerkauen oder schlucken, z.B. wenn sie den Aschenbecher auf dem Tisch „erkunden". Viele Hunde meiden Zigaretten, aufgrund des penetranten und unangenehmen Geruchs und Geschmacks, trotzdem sollten Sie auf Nummer sicher gehen. Die Symptome dieser Vergiftung sind Muskelzittern, Speicheln, Erbrechen, Krämpfe, spätere Hirnlähmung und motorischen Störungen, z.B. Schwanken.

Wir füttern unsere Hunde auch nicht vom Tisch, wenn wir etwas essen. Währenddessen haben Sie auf ihrem Platz zu bleiben oder ruhig auch woanders, solange Sie nicht betteln. **Wer bettelt, wird sofort wieder auf seinen Platz geschickt.** Auch die Schnauze des Hundes, geschweige denn der ganze Kopf, hat nichts auf dem Tisch verloren. Fangen Sie am besten gar nicht erst damit an, auch wenn Ihr Hund nicht bettelt. Wenn wir mit dem Essen fertig sind, bekommen die Hunde ab und an die Reste – auf ihrem Platz oder aus der Hand, wenn wir sie herholen, gerne werden z.B. Joghurtbecher ausgeschleckt.

Bei erwachsenen Hunden, nur bei denen!, können Sie auch ruhig einmal, unregelmäßig, **einen Fastentag** einlegen. Der Hund bekommt nichts zu Fressen, was natürlich nur geht, wenn er gleichzeitig auch keine anstrengenden körperlichen Arbeiten ausführen muss. Letztens meinte ein Halter ängstlich zu mir: „Aber, wenn ein Hund fastet, dann wird er doch aggressiv" – Nein! Das ist totaler Schwachsinn! Fasten schadet dem Hund keinesfalls, tut ihm rein gar nichts, außer, dass er anhänglicher wird und sich leichter handeln lässt. Was wiederum nicht bedeutet, dass Sie den Hund jeden zweiten Tag fasten lassen sollten, wie immer: Das Mittelmaß ist der richtige Weg.

Wir füttern **Trockenfutter** (sog. Trofu), weichen es vor dem Füttern ca. 15 Minuten in heißem Wasser ein, dann erst mal testen ob es auch gut abgekühlt ist und verfüttern. Bei uns gilt: Der Ältere Rüde zuerst und dann der Welpe, bei Rüde und Hündin ist das aber egal. Wurde das Futter nicht angerührt oder nur ein wenig gefressen und der Hund geht dann weg, nehmen wir den Napf nach 10 Minuten weg und stellen ihn dann auch nicht mehr hin.

Da der Malamute im Sommer weniger oder so gut wie gar nicht aktiv ist, je nach Temperatur (bei Malamuten sollte **ab +15 °C Schluss mit jeglicher körperlicher Arbeit sein**), füttern wir dann natürlich auch erheblich weniger, halten uns hierbei schlicht an unsere Hunde, d.h. wir geben eine normale Portion und sehen über einen Zeitraum von etwa einer Woche, wie viel die Hunde übrig lassen, die verzehrte Menge wird ab dann weitergefüttert.

Im **Herbst und Winter oder auch Frühjahr,** hier ebenfalls wieder temperaturabhängig, wenn die Hunde arbeiten, also am Trainingswagen oder Fahrrad usw., dann füttern wir zusätzlich grob zerhacktes, gekochtes oder auch rohes Fleisch oder auch Fisch (den selten auch im Ganzen). **Wichtig: Kein Schweinefleisch roh füttern,** wegen dem Aujeszki-Virus, da es für Hunde tödlich ist!

Ab und an mischen wir auch **Reis, Kartoffeln, Nudeln, Obst, Quark** (den auch gerne einzeln, z.B. im Sommer) oder **Gemüse** (immer gegart oder klein gehackt, weil es der Hund sonst nicht aufspalten kann und es wieder rauskommt, wie es rein gekommen ist) unter, einen festen Plan haben wir nicht, wir nehmen, was übrig geblieben ist und kontrollieren einfach regelmäßig das Gewicht der Hunde.

Zudem sollten Sie daran denken: Versuchen Sie bei allem, was Sie mit Ihrem Hund tun, sei es Erziehung, Autofahrten, Füttern etc. eine gewisse Routine herzustellen, d.h. nicht, dass Sie sich explizit an die Fütterung um 17 Uhr halten sollen, sondern, dass Sie die Art, wie Sie füttern, möglichst gleich halten, also z.B. den Hund auf seinen Platz, dann Futter herrichten, dann und dann und dann... – Sie können die Fütterungszeiten ruhig um eine halbe Stunde oder Stunde verschieben, das ist beim Jung- oder adulten Hund kein Problem, beim Welpen halten Sie sich bitte daran. Beim Jung- oder adulten Hund möchten Sie doch nicht, dass dieser Punkt 17 Uhr vehement sein Futter verlangt, weil er es schon immer so gewöhnt ist?

Vom zusätzlichen Rohfüttern, kommen wir direkt zur reinen Rohfütterung, dem sogenannten B.A.R.F.

8.2.2. Was ist B.A.R.F?

Unter Barfen – *die Abkürzung bedeutet übersetzt: Biologisch Artgerechte Rohfütterung, im englischen Original: Bones and Raw Food (geprägt von Dr. Ian Billinghurst)*, versteht man die Rohfütterung des Hundes, d.h. es wird versucht eine möglichst „natürliche" Fütterung anzustreben, ebenso wird von vielen Barfern das getrennte Füttern praktiziert, also Gemüse und Fleisch werden zu verschiedenen Zeiten gefüttert, aufgrund der unterschiedlichen Verdauungszeiten beider Nahrungsmittel. Dies soll eine Aufblähung verhindern und somit einer Magendrehung entgegenwirken, ebenso wie eine optimierte Verwertung des Futters garantieren.

8.2.3. Vor- und Nachteile des Barfens

Fertigfutter hat einen sehr großen Vorteil: Man macht die Dose/den Futtersack auf und füttert. Ein großer Nachteil ist natürlich, dass jeder Futtermittelhersteller eine breite Palette anbietet, von Welpen-, Junghund-, bis zum Adulten und Seniorfutter, dazu noch für aktive Hunde, weniger Aktive, Rassehunde und für Hunde mit speziellen Erkrankungen, wie bespielsweise Futtermittelallergien. Zudem sind die Inhaltsstoffe nicht absolut detailliert aufgelistet und so kann sich unter der Bezeichnung „mindestens 80% Rindfleisch" nicht nur Pansen verstecken, sondern auch Schlachtabfälle.

B.A.R.F ist zunächst etwas verwirrend, ernährt man seinen Hund damit auch ausgewogen? Ist das nicht zu teuer? Dauert die Herstellung nicht ewig lange?

Wenn man mit dem Barfen beginnt, ist es viel Arbeit. Man braucht einen Futterplan (*später hat man natürlich Routine und arbeitet ohne Plan)*, muss Mengen errechnen und Vorräte daheim haben. Zusätze, wie z.B. Öle, Fette oder Kräuter werden ebenfalls eingeteilt und zugeordnet.

B.A.R.F zielt darauf ab, dass auch Wölfe sich nicht von Fertigfutter ernähren können und da der Darmtrakt des Hundes dem des Wolfes noch stark ähnelt, ist diese Fütterung optimal. Ebenso wichtig ist die Tatsache, dass man genau weiß, was man da eben gefüttert hat, weil man das Futter selbst zusammenstellt.

Ja, B.A.R.F ernährt den Hund ausgewogen und auch wenn es zunächst etwas anstrengend ist, jeden Tag das Futter individuell herzurichten, so wird es bald zur Routine werden; allerdings füttert man morgens, mittags und abends, was bei Arbeitnehmern oft nicht möglich ist.

Die Kosten für Rohnahrung und Fertigfutter lassen sich zwar schwer vergleichen, weil man Fertigfutter in jeder Preiskategorie erhält, aber durchschnittlich kann man sagen, dass B.A.R.F teurer ist – inwieweit das als Nachteil anzuführen ist, obliegt jedem Hundebesitzer selber. Inzwischen gibt es sogar tiefgefrorene Fleischstücke, Gemüseflocken und Kräutermischungen.

Wir füttern Fertigfutter, weil einfach nicht genügend Zeit da ist, um jede Mahlzeit einzeln vorzubereiten und bei zwei Malamuten ist es *mir* eindeutig zu teuer. Dafür mischen wir das Trockenfutter mit Rohfleisch oder auch Fisch – hier auch gern Thunfisch aus der Dose. Dabei die Menge anpassen im Verhältnis 1:2, z.B. für 100 Gramm Fleisch die zugegeben werden, nimmt man 50 Gramm Trockenfutter weg – je nach Gewicht des Hundes; im Training z.B. nehmen wir nichts weg. Da man den Hund sowieso regelmäßig abtasten sollte, erkennt man, ob er zunimmt und reduziert dann eben die Menge im 10er-Gramm Bereich wieder.

Wir füttern **einmal pro Monat auch rohe Kalbs- oder Rinderknochen,** das trainiert die Kaumuskulatur und reduziert den Zahnbelag. Am Kot kann man erkennen, ob zu viele Knochen gefüttert wurden, der Kot wird dann bröcklig und gelblich weiß. In diesem Fall einfach die Knochenmenge beim nächsten Mal reduzieren.

B.A.R.F. ist also, wenn man die Zeit und Möglichkeiten hat, durchaus eine gute Alternative zum Fertigfutter, vor allem bei Hunden mit Allergien, Fellproblemen etc. Wir bleiben jedoch bei der gemischten Fütterung, da diese für uns einfacher und günstiger ist, uns aber trotzdem die Möglichkeit bietet, die Ernährung der Hunde mitzubestimmen.

Es gibt Hunde die sog. „**Schlinger**" sind, d.h. eigentlich würgt jeder Hund sein Fressen hinunter ohne zu kauen, ein Schlinger lässt sich dabei aber keine Zeit, er schlingt sein komplettes Fressen so schnell wie möglich hinunter. Von Mushern *(= Schlittenhundeführern)* ist dies sogar gewollt. Der Zusammenhang ist relativ einfach: ein Hund frisst unter Stress schlechter. Ist nun ein Leistungshund auf einem Rennen ein schlechter Fresser, so kann es sein, das er unter Druck gar nicht frisst, ist also auch nicht mehr leistungsfähig, das Rennen wäre für den Hund vorbei, denn bei Langstreckenrennen über mehrere hundert Kilometer können sich die Musher keine noch längere Pause leisten, bis auch der Hund schließlich gefressen hat, denn bei solchen Rennen zählt die Zeit.

Ist ihr Hund ein solcher Schlinger, ist dies nicht weiter schlimm, da Sie die Menge ja kontrollieren.

Manche Schlinger erbrechen nach dem Fressen und fressen dann erneut – dasselbe Prinzip wie z.B. bei Raubkatzen, denn nur die Beute im Magen ist sicher und später, an einem ruhigen Ort wird sie in Ruhe gefressen. Auch bei Wölfen ist Schlingen ein Naturinstinkt, und der Verdauungstrakt unserer Hunde ist immer noch sehr identisch mit dem der Wölfe.

Mit der Handfütterung z.B. lernen Sie einem Schlinger, dass Sie das Futter kontrollieren und er langsam fressen muss. Mittlerweile gibt es auch spezielle Näpfe, die ein Schlingen verhindern sollen.

Ab und an wird es vorkommen, dass Ihr Vierbeiner **Gras frisst und danach erbricht.** Auch, dass er sozusagen „pumpt", er würgt quasi. Gras hilft Ihrem Hund zu erbrechen, wenn unverdaute Nahrungsreste, Fell oder Sonstiges im Magen geblieben sind. Meine müssen sich bis zu dreimal hintereinander übergeben, dabei sind Sie nicht ansprechbar. Also warte ich einfach wortlos, bis Sie wieder fertig sind und dann wird genauso weitergemacht wie zuvor.

Sehen Sie sich das Erbrochene an, manchmal ist es auch nur weißer Schaum, doch sehen Sie Blutbeimengungen oder Anderes, was Sie nicht zuordnen können oder Ihnen seltsam erscheint, dann gehen Sie zum Tierarzt und nehmen etwas von dem Erbrochenen mit, z.B. in einem Gefrierbeutel.

Manche Hunde fallen z.B. vor Erschöpfung um, wenn sie viel oder lange erbrochen haben, da es einfach extrem anstrengend ist – für gewöhnlich stehen sie wieder auf, wenn der Kreislauf wieder stabiler ist, für den Hundehalter natürlich ein Schockmoment. Sehen Sie, ob ihr Hund bei Bewusstsein ist und warten Sie einfach. Wenn er nicht mehr aufstehen kann oder Sie nicht sicher sind, dann zögern Sie nicht, einen Tierarzt zu rufen.

von Sabrina Kowsky

Auch wichtig: **Fremde Personen, insbesondere Kinder – dies gilt auch für die eigenen** (*siehe Abschnitt „Kinder und Hund" S. 143*)**, haben nichts beim Hund verloren, wenn dieser frisst!** Auch nicht, wenn der Hund gerade z.B. einen Knochen bekommen hat. Es ist normal, dass das Tier, aufgrund sogenannter Ressourcenaggression (Ressource ist in dem Fall das Futter, kann aber auch z.B. Spielzeug sein), sein Futter verteidigt. Normalerweise üben Sie als Hundehalter eine sog. Ressourcenkontrolle aus, d.h. Sie teilen Futter zu, Sie geben Spielzeug. Hat er also eine Ressource von Ihnen erhalten, dann hat kein Fremder das Recht, sie ihm zu nehmen.

Das der Hund nun knurrt oder droht, ist völlig normal und in diesem Fall bestrafen Sie die fremde Person, nicht den Hund. Wahlweise schicken Sie die Person zuerst weg und den Hund anschließend mit seinem Knochen auf seinen Platz oder führen ihn hin.

Der Ratschlag *„Dem Hund muss man den Napf ab und an wegnehmen, um seine eigene Dominanz zu demonstrieren."* **ist Unsinn!** Das einzige, was diese Methode bringt, ist, dass Ihr Hund futterneidisch wird. Sie können Ihren Hund aber durchaus berühren, um ihm zu zeigen, dass er ruhig fressen darf, Sie aber das Recht haben, am Napf zu sein.

Um vorzubeugen, dass Ihr Hund sich von Ihnen z.B. einen Knochen nicht mehr wegnehmen lässt, gehen Sie ab und an hin, wenn *der Welpe* einen Knochen oder ein anderes Kauutensil erhalten hat und nehmen es kurz wortlos (evtl. gibt der Hund ihn nicht her, dann umfassen Sie leicht die Schnauze und drücken die Lefzen SANFT!! gegen die Zähne, bis der Kleine das Maul öffnet), sehen Sie sich den Knochen kurz an und geben ihn dann sofort dem Hund wieder. Auf diese Weise zeigen Sie ihm: ‚Ich darf dir das Futter nehmen, ich bin dein Chef, aber du bekommst es sofort wieder.'

Müssen Sie das Kauutensil aus irgendeinem Grund für längere Zeit wegnehmen, nutzen Sie hierzu den Befehl „Aus" und lenken den Welpen um, z.B. durch Spiel.

Der Unterschied ist, dass ein Knochen ein längerfristiger Beißspaß ist und nicht „ernährungsnotwendig", so wie das normale Futter.

9. Erziehung

9.1. Erziehungsgrundlagen

Bei einem Welpen ist es wichtig, dass Sie ihm alles über positive Erfahrungen und spielerisch beibringen, wobei aversive Befehle wie „Nein" oder „Aus" auch schon einem Welpen gelernt werden, aber eben über Umlenken.

Typisch für einen Malamute ist sein Sturkopf und seine Selbstständigkeit, deshalb kann es durchaus passieren, dass er anfangen wird, Ihre Befehle zu hinterfragen oder sich taub zu stellen, um zu testen, ob Sie es auch wirklich so meinen, wie Sie es sagen. Bleiben Sie ruhig, das ist völlig normal und wenn Sie einen Befehl geben, dann setzen Sie ihn auch durch, aber: Brüllen oder schreien Sie einen Hund niemals an, denn dies zeigt ihm nur, dass Sie hilflos sind und dadurch verlieren Sie seine Achtung! Ich erinnere mich an den Rat eines Bekannten, der einmal meinte:

„Wenn du einem Hund etwas beibringen willst, was er nicht tun soll und du schaffst es, dies dem Hund 100 Mal zu verbieten und 100 Mal hast du alles richtig gemacht, aber dann schaffst du es einmal nicht, hat der Hund ein einzelnes Erfolgserlebnis und du kannst von vorne anfangen."

Das heißt, am Beispiel einer Hasenjagd erklärt: Wenn der Hund einem Hasen nachlaufen will und 100 Mal (nur grob gesagt, zur Verdeutlichung das es lange dauert, dem Hund so etwas beizubringen) muss er stehen bleiben, weil er in der Leine hängt, aber wenn er dann nur ein einziges Mal loskommt und und der Trieb stärker ist als Gehorsam, verdrängt dieses Erfolgserlebnis alle anderen negativen, selbst wenn er den Hasen nicht erwischt hat. Und deshalb müssen sie dann wieder bei Null anfangen. Also ruhig bleiben und Ihren Befehl durchsetzen. Und nein, er wird es nicht irgendwann aufgeben. Ein Malamute hat immer mal wieder einen sturen Moment oder Tag, wo er einfach nicht will und da müssen Sie eben klare Grenzen setzen, das ist alles.

Ein Malamute ist, wie die meisten Nordischen, ein Hund, der zum Typ der **klassischen Konditionierung** gehört, d.h. bei dieser Form des Lernens bezieht man sich auf Hundeverhalten, welches instinktiv gezeigt wird, z.B. hat Pawlow, der Entdecker dieser Konditionierung, eigentlich nur den Speichel der Hunde am Verdauungssystem untersucht. Er bot den Hunden Futter an, um den Speichelfluss zu aktivieren. Kurz bevor die Hunde ihr Futter bekamen, hörten sie aus dem Nebenraum die Näpfe klappern. Mit der Zeit begannen die Hunde schon zu speicheln, wenn sie nur das Klappern der Näpfe hörten. Ein unkonditionierter Reiz, das Futter, hatte ursprünglich einen unkonditionierten Reflex, den Speichelfluss ausgelöst. Durch die Konditionierung wurde ein neutraler Reiz, das Klappern, zu einem konditionierten, der nun den Speichelfluss, den neuen, konditionierten Reflex, auslöst.

Das Gegenteil ist die **operante Konditionierung**, hier erstellt man durch einen Verstärker z.B. ein Leckerli eine Verbindung zwischen Ereignis z.B. der Befehl „Platz" und Verhalten z.B. die Körperhaltung, die zum Befehl gehört, womit man neues Verhalten erzeugt.

Man möchte, dass der Hund auf den Befehl, also z.B. das Wort „Platz" reagiert. Somit verstärkt man mit einem Leckerli das Verhalten des Hundes, wenn er auf das Wort „Platz" auch die entsprechende Körperhaltung zeigt. Der Hund verknüpft also das Wort mit dem gezeigten Verhalten und das Leckerli verstärkt dies. Ebenso kann dies auch mit einem negativen

von Sabrina Kowsky

Verstärker geschehen, man unterbindet also das gezeigte Verhalten mithilfe des Verstärkers; bezogen auf: „Immer vom Negativen ins Positive", man unterbindet das negative Verhalten und verstärkt dann das erwünschte positive Verhalten, kombiniert diese Methoden der operanten Konditionierung also. So lernt der Hund am schnellsten. – Das Gegenteil (zuerst positiv, dann ins Negative gehen) hebt sich in der Wirkung auf; bringt also nichts.

Man kann auch über sog. **Extinktion** arbeiten, d.h. ein unerwünschtes Verhalten wird einfach nicht mehr verstärkt und verschwindet mit der Zeit – z.B. kann man dem Hund das Betteln am Tisch abgewöhnen, indem man ihm einfach nichts gibt. *Aber:* Bekommt der Hund oft auch nur Aufmerksamkeit während er bettelt, z.B. Ansprache, Berührung oder doch einmal etwas zu fressen – haben Sie das Verhalten wieder verstärkt. Es gibt auch Hunde, die kann man ignorieren, so lange man will, die hören trotzdem nicht auf – das kommt auf den Hund an und darauf, wie stark der Reiz ist, den man dem Hund vorgibt, z.B. kann die Aussicht auf Futter bei manchen Hunden ein extrem starker Reiz sein. Meine Meinung: *Ich ignoriere beim Hund nur, was ich nicht ändern kann.*

9.2. Alphawurf und sanfter Alphawurf

Dieses Thema ist wieder einmal eines, dass die Gemüter der Hundebesitzer, Hundetrainer und aller Anderen erhitzt und zu wilden Diskussionen geführt hat und immer noch führt. Beim Alphawurf wird der Hund auf den Rücken gedreht und unten gehalten, so zeigt derjenige, welcher über ihm steht, dass er der Chef ist. Auch Hunde tun dies; beim Menschen möchte ich nur sagen: **Es gibt nur drei Gründe,**

warum man dies tun sollte: wenn mich der Hund drohend anknurrt (es gibt Hunde die Grummeln auch beim Spielen oder Streicheln, was sich wie Knurren anhört), anpinkelt oder nach mir schnappt, anfletscht etc. Zudem macht es auch nur Sinn, wenn man Ahnung davon hat, das heißt, die richtige Technik, damit man den Hund nicht verletzt – und der richtige Moment. Beim sanften Alphawurf wird der Hund nicht zur Unterwerfung gebracht, sondern tut dies freiwillig. Wir haben das mit dem Befehl „toter Hund" verbunden. Wenn der Hund Platz macht, nehmen wir ein Leckerli, halten es ihm vor die Nase und drehen ihn mit der anderen Hand sanft auf die Seite. Dazu der Befehl und das Leckerli. Der Hund kann so in Ruhe gebürstet werden, die Pfoten untersucht oder gesäubert werden, auch kann man ihm die Krallen schneiden (normalerweise knabbern Malamuten ihre Krallen selber an, wenn sie zu lang sind und den Hund stören) und Ähnliches. Im übrigen können Sie dies nutzen, um Ihrem Hund einmal in der Woche die Ohren zu säubern (mit einem fusselfreien Tuch nur grob innen auswischen – niemals mit einem Ohrenstäbchen oder dergleichen!), die Zähne, die Krallen und die Augen begutachten.

9.3. Alleinbleiben

Es ist selbstverständlich, dass Sie Ihren Welpen die erste Zeit nicht alleine lassen. Wir hatten und haben unsere Hunde ständig dabei. Beim Einkaufen z.B. blieb einer im Auto bei den Hunden, als Bandit noch ein Welpe war und der Andere ging zum Einkaufen. An das Alleinbleiben (es wurde bereits angesprochen, dass Sie einen Hund nur zeitweilig alleine lassen sollten und auch erst, wenn ihre Bindung bereits steht) wird der Hund langsam und Stück für Stück gewöhnt. Kurz den Müll rausbringen, den Hund vorher auf seinen Platz schicken, wenn Sie wieder kommen, ignorieren Sie den Hund zunächst und nach ca. 10 bis 20 Sekunden können Sie ihn begrüßen – es ist schließlich völlig normal, dass Sie wieder reinkommen, viele loben den Hund, weil er brav war, die Möglichkeit gibt es, wird aber nur noch ungern praktiziert, weil die meisten Hunde dann bellen und sich entsprechend „wild" gebärden, wenn der Besitzer nach Hause kommt.

Die Zeit langsam verlängern. Dies geht über mehrere Wochen, also haben Sie Geduld. Bei einem Zweithund wird sich der Welpe an diesem orientieren, daher muss zuvor, auch beim Einzelhund, immer die Bindung bereits gefestigt sein, also Sie das Wichtigste für Ihren Hund sein.

9.4. Autofahren

Sinnvoll ist hier eine sogenannte „Transportbox". Eine Gitterbox mit einer oder zwei Türen zum Öffnen, die zusammengeklappt werden kann und sehr einfach zu reinigen ist. Diese Box bringt eine Menge Vorteile mit sich. Der Hund ist gesichert im Auto (auch als Erwachsener), kann nicht plötzlich herumhüpfen, laufen oder sonstiges, ist dadurch auch nicht gefährdet, sich bei einer plötzlichen Bremsung oder Kurve zu verletzen oder durch das Auto zu fliegen. Die Box wird mit einer waschbaren Hundedecke, bzw. einem alten Kleidungsstück von ihnen, ausgestattet und der Welpe mit Leckerlis dort hineingelockt. Lassen Sie den Welpen noch nicht selbst ins Auto springen, sondern heben Sie ihn hinein, da die Knochen und Bänder noch zu weich sind und er irreparable Schäden im Geläuf davontragen kann. Haben Sie ein höheres Fahrzeug mit Ladefläche, können Sie eine sogenannte Hühnerleiter nehmen oder dem Hund ein Leckerli hineinwerfen und einen Befehl dazu sagen. Wir nehmen „Hepp!", legen Sie seine Vorderpfoten hinein, heben Sie dann den Hintern hoch und schieben Sie nach.

9.5. Hilfsmittel

Hilfsmittel können z.B. eine Fliegenklatsche, ein langer Stock für Spaziergänge oder eine kleine Tasche für Sand sein; also Dinge, die Sie bei Ihrer Erziehung zur Unterstützung einsetzen können. Auch hier gilt: Zur richtigen Zeit, im richtigen Maß und nicht übertreiben *(siehe Abschnitt „3.7. Fetisch" S. 28)*. *Ein Beispiel:* Als Bandit schon ein Junghund war, also etwa mit sechs Monaten und den Befehl „Fuß!" schon sehr gut beherrschte, ging ich immer mit einem Spazierstock los und sobald er nach vorne an mir vorbei wollte, habe ich den Stock nur etwas gedreht, ohne den Hund zu berühren, so dass er ihn quasi blockiert hat und ihm wieder den Befehl „Fuß!" gegeben. Was Sie mit einer Tasche voll Sand anfangen können, finden Sie *auf S. 85 oder im Kapitel „13. Begegnungen" ab S. 124*.

9.6. Die wichtigsten Kommandos

Zunächst das Wichtigste: Wenn Sie mit Ihrem Hund arbeiten, dann am Anfang **nicht länger als 5 Minuten** am Stück, denn die Aufnahmefähigkeit Ihres Welpen ist kurz und es soll ihm Spaß machen, mit Ihnen zu arbeiten und von Ihnen zu lernen. Also langsam, Stück für Stück – und machen Sie immer wieder Pausen. Beenden Sie eine Übung stets mit einem positiven Erlebnis, da Ihr Malamute sonst irgendwann keine Lust mehr hat.

Denken Sie daran: **Der Hund lernt am Schnellsten, wenn man vom Negativen ins Positive erzieht.** *Als Beispiel:* Er hat einen Schuh, der Befehl „Nein" und das Wegnehmen des Schuhs wären negativ. – Und wenn Sie ihm nun etwas anderes geben, auf dem er kauen darf, ist dies positiv für ihn.

Egal was Sie tun, denken Sie daran: **Ein Welpe lernt alles über Positiv!** Ein „Nein!" sollten Sie aber trotzdem mit dunkler Stimme sagen, denn bestimmte Befehle bringen wir aversiv bei, wie „Nein!", „Stop!" oder „Aus!". Somit lernt der Welpe von Anfang an was er nicht darf. Auch wenn es Ihnen grob erscheint, das ist es nicht. Sehen Sie sich nur einmal eine Hundemutter an, wie Sie ihre Welpen zurechtweist: kurz, im richtigen Moment, grob, aber deutlich. Wenn er also z.B. etwas anknabbert, reicht ein kurzes „Nein!" und dann lenken Sie seinen Knabberdrang um, indem Sie ihm etwas reichen, woran er knabbern darf. Also ein Spieltau oder dergleichen, allerdings nichts Hartes, da wir die Welpenzähne nicht zu stark belasten wollen. Erst nach dem Zahnwechsel (zwischen dem vierten und fünften Monat) können Sie ihm auch etwas Härteres geben, z.B. Büffelhautknochen.

Merke: Alles was der Welpe lernen soll, verbinden Sie gleich mit einem positiven Befehl, z.B. setzt er sich hin, loben Sie ihn und sagen den Befehl „Sitz!" dazu, etwa so: „Fein, Sitz, fein!", aber immer im richtigen Moment, denn sitzt er schon zwei Minuten, weiß er gar nicht, warum Sie ihn loben.

Beginnen Sie also mit einfachen Dingen, die Ihr Welpe von sich aus macht oder Sie ihm gleich im Spiel beibringen können. Achten Sie auch darauf, dass er sich ins Maul fassen lässt (falls Sie mal etwas herausholen müssen), sich ruhig Augen und Ohren anschauen lässt und auch die Geschlechtsteile sollten Sie sich in Ruhe ansehen können, beim Rüden z.B. immer mal wieder die Hoden abtasten, zum einen gefällt es dem Hund, zum anderen erkennen Sie so, ob sich die Hoden verändert haben, wie das bei einem Knoten oder Tumor der Fall wäre.

„Sitz!"

Rufen Sie Ihren Liebling zu sich, so dass er vor Ihnen steht. Nehmen Sie ein Leckerli in die Hand und zeigen Sie es, dann halten Sie Ihre Hand so über den Kopf des Hundes, dass er nach oben schauen muss und schieben Ihre Hand dann ganz langsam nach vorne. Er will das Leckerli nicht aus den Augen verlieren und hebt den Kopf immer weiter. Irgendwann wird er sich hinsetzen, um das Leckerli weiter beobachten zu können. In diesem Moment sagen Sie „Sitz" und loben. Natürlich geben Sie ihm auch das Leckerli.

„Platz!"

Lassen Sie Ihren Hund Sitz machen und führen Sie dann ein Leckerli vor seiner Nase nach unten Richtung Boden, am besten in der geschlossenen Faust oder so, dass er nur an dem Leckerli knabbern kann. Der Hund wird Ihrer Hand folgen und wird sich dabei hinlegen, weil es für ihn einfacher ist an das Leckerli zu kommen. In diesem Moment sagen Sie „Platz". Sofort loben und ihn an das Leckerli lassen. Nach ein paar Mal reichen dann schon die Geste und das Kommando, damit er sich hinlegt, loben und Leckerli bekommt er natürlich trotzdem. Klappt das nicht, lassen Sie den Hund Sitz machen und knien sich seitlich vor seinen Kopf. Nun stellen Sie einen Fuß auf, so dass Ihre Oberschenkel und der Unterschenkel ein Tor bilden. Durch dieses Tor locken Sie nun mit einem Leckerli. Damit er durchkommt, muss er sich hinlegen. Beim hinlegen geben Sie wieder das Kommando „Platz", Leckerli und Loben.

Anmerkung: Es gibt Hunde, nach meiner Erfahrung vor allem Hündinnen, die legen sich nicht gerne auf den Boden, bei Welpen passiert dies oft, aufgrund des nackten und sehr empfindlichen Bauches – warten Sie geduldig, bis Ihr Hund soweit ist, dass Sie mit ihm üben können, andernfalls können Sie auch bei jedem „Platz!", welches er von sich aus macht, sofort den Befehl sagen und loben, hier ist Reaktionsschnelligkeit erforderlich – dies dauert zwar länger als gewöhnlich, führt aber ebenso zum Ziel.

„Komm!" oder „Hier!"

Zu Anfang sollten Sie das Kommando in der Wohnung üben. Rufen Sie „Komm" und zeigen ein Leckerli. Ihr Hund wird begeistert kommen, loben Sie ihn dafür und geben ihm das Leckerli. Klappt das Kommando in der Wohnung, steigern Sie die Schwierigkeit und üben beim Spaziergang an der Leine. Der Hund soll sich auf das Kommando hin umdrehen und zu Ihnen kommen. Fangen Sie langsam an, zuerst in ruhiger Umgebung, wenn es dort funktioniert, dann steigern Sie die Schwierigkeit langsam, z.B. andere Hunde, Leute, Radfahrer usw. Wenn Sie es denn schaffen, dass Ihr Hund sich auf Sie konzentriert, auch wegen der Leckerli, dann sind Sie wichtig für ihn und das ist Ihr Hauptanliegen. Nutzen Sie das auch beim Spaziergang aus, wenn Ihr Vierbeiner aktiv genug ist. Gehen Sie mal schneller, mal langsamer, wechseln Sie die Richtung und folgt er, ist auf Sie konzentriert, dann loben Sie ihn, aber achten Sie darauf, nicht an der Leine zu zerren, die lassen Sie dabei locker, da Sie am Anfang immer mit einer kurzen Leine arbeiten sollten.

Die Kommandos „Komm" oder „Hier" kann man wahlweise auch durch den sogenannten Futterpfiff ersetzen. Hierbei pfeift man selbst oder nutzt eine Hundepfeife (am besten eine, bei der Sie den Ton über das Drehen der Pfeife wählen können). Jedes Mal, wenn Sie nun füttern, pfeifen Sie und zwar wiederholen Sie den Pfiff, bis der Hund am Fressen ist oder, beim Welpen, Sie ihm das dritte oder vierte Mal die mit Futter gefüllte Hand gereicht haben. Der Vorteil: Ein Pfiff ist individuell und besser zu hören auf Entfernung als ein Ruf – auch besser für die eigene Stimme. Der Hund wird also auf den Pfiff konditioniert über das Futter, er lernt: Pfiff = Futter. Draußen funktioniert dies über Leckerlis, die man dann Stück für Stück reduzieren kann, bzw. man gibt z.B. unregelmäßig immer mal wieder ein Leckerli, damit der Hund nicht die Lust verliert.

Die nächste Steigerung ist eine Flexileine (die ist nur beim Welpen zu empfehlen, ein älterer Hund zerreißt diese Leine ohne Mühe) oder eine Schleppleine. Damit kann sich der Hund etwa 8 Meter weit von Ihnen entfernen. Auch hier sollte er immer auf Kommando hin kommen. Loben und belohnen Sie den Hund immer, wenn er zu Ihnen kommt.

Tipp: Wenn Ihr Malamute auf den Ruf nicht kommt, weil er z.B. schnuppert oder gräbt oder eben etwas Interessantes gesehen hat, gilt: Der Hund hat eine bestimmte Motivation nach vorne zu laufen, z.B. beim Jagen oder vorne zu bleiben, z.B. wenn er einen Geruch entdeckt hat – je höher die Motivation des Hundes (beim Jagen ist sie z.B. sehr hoch), desto schwieriger ist es für Sie, den Hund per Befehl zu erreichen. *Wir handhaben dies so:* Wir nehmen ein kleines Steinchen oder eine Handvoll Sand/feinen Kies und werfen diese in Richtung Hund, es tut ihm nicht weh, wenn der Sand auf ihn herabrieselt, lenkt ihn aber von seinem Tun ab (am besten ist es hierbei, Sie sagen genau in dem Moment, wo der Hund „getroffen" wird, den Befehl „Nein!", damit der Hund den Befehl mit der Schrecksekunde verknüpft) und in diesem Moment ist der Hund ansprechbar, wahlweise können Sie auch, wenn der Hund z.B. besonders vehement an der Stelle bleibt, ein Steinchen direkt auf seinen Hintern werfen oder mit einem zusätzlichem Leinenruck nachhelfen – an den Befehl denken!

Es gibt verschiedene Arten, wie der Hund auf diese sog. Berührung auf Distanz reagiert (Sie zeigen dem Hund somit, dass Sie ihn auch auf x Meter Entfernung erwischen und kontrollieren):

1. Der Hund kommt sofort und schnell zu Ihnen, das ist die optimale Art.

2. Der Hund kommt nicht, sondern sucht irritiert nach dem, was ihn getroffen hat und verfällt hierbei in einen neuen Trieb, ist also wiederum nicht ansprechbar – in dem Fall nutzen Sie nicht mehr die Steinchen-Methode, sondern bleiben dabei, den Hund per Schleppleine herzuholen.

3. Der Hund kommt langsam, aber in Bogen zu Ihnen und beschwichtigt. – Der Hund ist verunsichert und beschwichtigt Sie – hierbei arbeiten Sie ruhig weiter, evtl. nutzen Sie einfach nur die Schleppleinen-Methode.

4. Der Hund kommt gar nicht.

5. Wenn der Hund panisch davonlaufen will, weil er stark erschrocken ist, zeugt dies von einem sehr ängstlichen bzw. panischen Hund. Hier ziehen Sie die Schleppleinen-Methode vor. In diesem Fall sollten Sie zusätzlich einen Hundetrainer aufsuchen, der Sie unterstützend beraten kann.

Haben Sie den Hund nun in eine „ansprechbare Haltung" gebracht, rufen Sie ihn ab und loben, wenn er kommt. Sträubt er sich, dann holen Sie ihn ruhig mit der Schleppleine her, wiederholen den Befehl „Hier!" oder „Komm!", wenn der Hund näher bei Ihnen ist, um zu zeigen, was Sie auf den Befehl hin erwarten. *Denken Sie daran:* **Nicht zuviel reden,** hier reichen zwei Wörter: „Hier" und „Ab". – Schicken Sie den Hund erst auf Befehl, z.B. „Ab!" wieder weg.

„Bleib!" und Distanzkontrolle

Bevor Sie einem Hund „Bleib" beibringen können, sollte er sicher „Sitz" und „Platz" können, im Schnitt beginnt man damit zwischen dem 4. und 5. Monat – je nachdem, wie weit ihr Hund ist. Lassen Sie den Hund vor sich „Sitz" machen. Geben Sie nun das Kommando „Bleib" und gehen Sie langsam rückwärts. Behalten Sie den Hund dabei fest im Blick. Will er aufstehen, sagen Sie am besten gleich am Anfang, also sobald er auch nur den Hintern hebt, „Nein" und kehren zum Hund zurück, korrigieren Sie ihn wieder und lassen Sie ihn Sitz machen. Üben Sie, bis Sie sich ein paar Schritte vom Hund entfernen können. Am Anfang reichen ein, zwei oder drei Meter. Bleiben Sie dann stehen und werfen Sie dem Hund das Leckerli zu – dies ist besonders wichtig, weil Sie die Distanz bewahren sollen. Wenn Sie zum Hund zurückkehren und ihn dort loben, dann nehmen Sie die Distanz weg – der Hund lernt also nicht, dass Sie ihn auch auf 3 Meter Entfernung absitzen lassen oder er liegen bleiben soll. Wenn man die Distanz nicht einhält, kommen viele Hunde beim Lob auch selbstständig zum Hundehalter und holen sich ihr Lob ab, weil Sie die Distanz eben nicht akzeptiert haben. Klappt diese Übung gut, steigern Sie langsam die Distanz und die Wartezeit. Solange der Hund Sie dabei sehen kann, funktioniert das ganz gut. Schwierig wird es, wenn Sie aus dem Blickfeld des Hundes verschwinden. Dann laufen die meisten Hunde hinterher – hier gilt, wie bei jedem Befehl: Ist der Hundehalter aus dem Blickfeld, bzw. hat er den Raum verlassen, dann gilt der Befehl nicht mehr – durch Üben kann man den Hund so konditionieren, dass er trotzdem liegen bleibt, allerdings klappt dies nicht bei jedem Hund, die Meisten verfahren nach dem „der Befehl gilt nicht mehr" - Prinzip, das ist normal, also keine Sorge.

von Sabrina Kowsky

Gut ist es, wenn Sie den Hund auf Fliesenboden oder Laminat setzen, denn dann hören Sie es, wenn er losläuft. Am Anfang ist wichtig, dass Sie den Hund immer wieder in seiner Warteposition belohnen und nicht am Ende der Übung zu sich rufen. Hilfreich ist es auch, wenn man bei solchen Befehlen ein Wort hat, mit dem man diesen Befehl auflösen kann, z.B. „Schluss". Erst nach diesem Kommando darf der Hund seinen Platz verlassen, locken Sie ihn dann fröhlich zu sich oder stehen Sie auf und holen Ihren Hund ab – nach dem Schlusswort, ist das erlaubt – kurzes Loben nicht vergessen.

„Stop!"

Vor allem wenn Sie die Straße überqueren wollen, ist dieser Befehl sinnvoll. Sie gehen los, rufen „Stop" und bleiben plötzlich stehen. Halten Sie die Leine kurz und stoppen Sie den Hund mit einem leichten (!) Ruck. Dann gehen Sie einfach weiter und üben dies später noch einmal. „Stop" ist ein aversiver Befehl, das heißt wir lehren ihn ohne den Hund zu loben und ohne Leckerli – umlenken funktioniert hier nicht, weil man dem Hund keinen Alternativbefehl geben kann.

An der Straße geben Sie den Befehl und lassen den Hund dann absitzen (für das „Sitz" bekommt er ein Leckerli), so kann er nicht plötzlich einen Satz nach vorne machen. Lösen Sie den Befehl „Stop!" mit einem anderen Befehl auf, z.B. indem Sie „Los" sagen.

Einige Befehle gibt es, die bei der Zugarbeit eingesetzt werden, wie z.B. „Go!". Diese lehren Sie dem Hund erst, wenn es soweit ist, also bevor Sie mit der Zugarbeit beginnen können und wollen, wenn der Hund ausgewachsen ist, mit einem Jahr oder 1 ½ Jahren.

10. Pflege und Erkrankungen

In diesem Kapitel erfahren Sie mehr über typische Erkrankungen des Alaskan Malamute, die Behandlung von kleineren Verletzungen, Verhalten in Notfällen mit Erster Hilfe bis hin zur Wiederbelebung und auch Hinweise zu Kastration bzw. Sterilisation sowie Impfungen.

10.1. Rassetypische Krankheiten

Bei den meisten Rassen gibt es sogenannte Rasseprädispositionen, also Erkrankungen, die vor allem bestimmte Rassehunde besonders betreffen. Bitte werden Sie nicht panisch, sondern lesen Sie es sich ruhig durch, denn dies soll nur zur Information dienen. Sie kennen Ihren Hund am besten, wenn Ihnen also etwas seltsam vorkommt, dann gehen Sie zum Tierarzt, bevor Sie sich stundenlang den Kopf über alle möglichen Krankheiten zerbrechen. Hier allerdings nur einige der gängigsten Dispositionen beim Malamute:

10.1.1. Zinkreaktive Dermatitis

Beim Sibirian Husky oder auch beim Malamuten tritt vor allem das Syndrom 1 auf (wurde aber auch bei Doggen festgestellt), d.h. entweder bei Welpen vor der Geschlechtsreife oder auch bei adulten (erwachsenen) Hunden tritt diese Störung auf. Es ist ein genetischer Defekt, meist wird er durch falsche Fütterung ausgelöst. Besonders in der Jungtierernährung wird häufig übertrieben, „zu gut" gefüttert. Das sogenannte Hochleistungsfutter enthält oft zu viel pflanzliches Eiweiß und ebenfalls wird zusätzlich zuviel Calcium gegeben, so dass es zur Verdrängung von Zink kommt. Die Behandlung dieser Hauterkrankung besteht in der Zufuhr von Zink und vor allem in einer Umstellung auf ein ausgewogenes Futter. Die Erkrankung heilt dann schnell aus. Symptome sind starker Juckreiz, Haarausfall, stark gerötete Stellen, vor allem um Nase und Augen, zusätzlich treten weitere Symptome auf, z.B. Entzündungen der betroffenen Stellen.

Syndrom 2 betrifft z.B. Schäferhund, Dogge, Dobermann oder Pudel und tritt bei rasch wachsenden Welpen auf, deren Futter ein Zinkdefizit oder einen Überschuss an Mineralien und Vitaminen aufweist.

Übrigens, nicht zu verwechseln mit der typischen **Rotfärbung an Lefzen oder um die Augen**, denn dies ist keine Hautveränderung, sondern lediglich eine Folge der Reaktion von Körperflüssigkeiten (Speichel, Tränenflüssigkeit) mit dem Sauerstoff aus der Luft. Bestimmte Stoffwechselprodukte werden mit anderen Körperflüssigkeiten ausgeschieden und färben sich unter Sauerstoffeinwirkung rötlich-bräunlich. Das bedeutet, dass sich das Fell überall dort rötlich verfärbt, wo es mit Speichel oder anderen Körperflüssigkeiten in Berührung kommt, z.B. durch Belecken oder auch in den Augenwinkeln durch die Tränenflüssigkeit.

10.1.2. Demodikose

Dies ist eine Hauterkrankung, die oft durch Haarbalgmilben oder Demodex Milben ausgelöst wird, ein gesunder Hund kann auch von Milben „befallen" sein, ohne dass diese Symptome auslösen. Nimmt die Population der Milben jedoch stark zu, kann das Immunsystem nicht mehr dagegen arbeiten und eine Erkrankung bildet sich aus. Symptome sind bei der lokalen Form, welche vor allem beim Junghund auftritt, kleine Hautstellen, mit Haarverlust, feinen Schuppen, Juckreiz und Rötung. Bei dieser milden Form, heilen die

Hautstellen oft von selber ab, sobald sich das Immunsystem des Junghundes ausgebildet hat, eine Kontrolle durch den Tierarzt wäre jedoch ratsam.

Die generalisierte Form kann alle Hunde, jeden Alters betreffen und zeigt sich großflächig am ganzen Körper, verstärkt an den Pfoten. Dazu kommen oft sogenannte Sekundärinfektionen, die also nicht direkt mit der Erkrankung zu tun haben, aber ebenfalls auftreten können. Hier ebenfalls großflächiger Haarausfall, Schuppen, Juckreiz, Rötung, oft nässende oder eitrige Stellen und Verkrustungen – diese starke Form muss dringend behandelt werden, da sie nicht selbstständig ausheilt und den Hund, in seltenen Fällen, bis zum Tod auszehren kann.

10.1.3. Hypothyreose - Unterfunktion der Schilddrüse

Die Ursache der Hypothyreose ist in über 95% der Fälle ein Gewebeverlust der Schilddrüse. Entweder geschieht dies durch Vorgänge des Immunsystems (das Immunsystem sieht die Schilddrüse als „Fremdkörper" an und bekämpft diesen, die Gründe sind noch unbekannt) oder aufgrund einer idiopathischen Atrophie (normales Schilddrüsengewebe wird abgebaut und durch Fettgewebe ersetzt, ebenfalls aus unbekannter Ursache).

Hunde jeden Alters sind betroffen und große Rassen häufiger als kleine. Durch eine lebenslange Gabe von Levothyroxin (synthetisches T4) ist eine Behandlung in der Regel unproblematisch.

Die Diagnose dieser Erkrankung ist schwierig, da die Symptome sehr stark variieren können, unter anderem können dies sein: Apathie, Schwäche, Haarkleid- und Hautveränderungen (starkes Schuppen, stumpfes Fell, übermässiger Haarverlust), Gewichtszunahme ohne übermäßige Futteraufnahmen, neurologische Störungen (u.a. Krämpfe), Augenveränderungen. Etwa 70% der betroffenen Hunde haben erhöhtes Cholesterin, 20% leicht erhöhte Leberwerte.

Als eindeutigster Test hat sich der sog. SH-Stimulationstest, erwiesen, der Standardtest für diese Erkrankung. Mindestens 6 Wochen vor dem Test sollten die Hunde keine Medikamente bekommen haben und ebenso muss ausgeschlossen sein, dass sie an anderen Erkrankungen leiden.

Wenn Sie Verdacht auf eine Erkrankung haben, gehen Sie bitte zum Tierarzt, doch überreagieren Sie nicht, sonst bedeutet es nur dauerhaften Stress für Sie und Ihren Hund. Genetische Erkrankungen wie z.B. die Zinkmangelresorbtionsstörung treten bei einem Wurf nicht bei jedem Welpen auf, d.h. manche Welpen sind völlig gesund, während andere erkranken.

10.2. Kleinere Verletzungen

Es passiert immer mal wieder, dass kleinere Verletzungen passieren. Akhiro z.B. fängt bei jeder kleinsten Verletzung an zu schreien und wir wissen sofort, dass etwas nicht stimmt. Bandit hingegen war als Welpe durch das Gebüsch gerannt und hatte sich dabei an einem Ast verletzt, ein kleines Loch an der Schnauze, doch er gab keinen Muckser von sich, wir sahen es zufällig. Bei kleineren Verletzungen wird sich ihr Hund die Stelle, wenn es ihm möglich ist, sauber lecken. Warten Sie einfach, kontrollieren Sie die Stelle regelmäßig und wenn Sie unsicher sind oder Ihnen die Wunde komisch vorkommt, dann gehen Sie sofort zum Tierarzt. Um Ihnen mehr Sicherheit zu geben, sollten Sie einen Erste-Hilfe-Kurs für Hunde absolvieren.

10.3. Erste Hilfe

Hierzu eine **kurze Übersicht.** Zunächst sollten Sie eine kleine Notfallapotheke bei sich haben, im Auto oder zuhause. Diese besteht, in der Basisausstattung, aus:

- **Verbandwatte**
- **Wundbalsam oder Wundsalbe** zur Desinfektion oder Nachbehandlung von offenen Wunden, darf aber nicht brennen (erhalten Sie beim Tierarzt)
- **Thermometer** (Digitalthermometer sind zu empfehlen, am besten mit biegsamer Spitze)
- **Verbandschere**
- **Zeckenzange und Pinzette**
- **Gewebeverstärktes Klebeband**
- **Selbstklebende Binde** (bei Pfotenverbänden gerne genutzt, hier aber immer an Verbandwatte denken)
- **Sterile Tupfer**
- **Mullbinden** (entweder für Verband oder zusammengerollt für einen Druckverband)
- **Ringer Lösung** (sterile Lösung, zum Reinigen von Wunden oder Ausspülen von Fremdkörpern aus dem Auge), hierzu auch Einmalspritzen (ohne Nadel)

Es gibt von verschiedenen Herstellern spezielle Verbandkästen oder -taschen für Hunde, diese sind allerdings oft teurer als ein normaler Kfz-Verbandskasten, der im Notfall genauso eingesetzt werden kann.

Das Wichtigste im Fall einer ersten Hilfe:

1. **Bewahren Sie Ruhe.**
2. **Lassen Sie sich nicht beißen**
3. **Verschlimmern Sie den Zustand des Tieres nicht**

von Sabrina Kowsky

4. Rufen Sie Hilfe herbei, wenn möglich, also einen Helfer, der assistieren kann und auch den Tierarzt, die Tiernotrettung etc. anrufen, während Sie erste Hilfe leisten.

5. Wenn das Tier bei Bewusstsein ist, nähern Sie sich langsam und vorsichtig, sprechen Sie es an und seien Sie darauf gefasst, dass ein verletztes Tier zubeißen kann – auch der eigene Hund! In diesem Fall eine Decke/Jacke/T-Shirt über den Kopf des Tieres werfen und den Kopf festhalten.

Bei folgenden Anzeichen verwenden Sie keinen provisorischen Maulkorb:
- Bewusstlosigkeit
- Hitzschlag
- Atembeschwerden/Nasenbluten
- Verletzungen im Bereich des Fangs
- Herz-/Kreislaufbeschwerden
- Erbrechen in kurzen Abständen bzw. bei Versuchen zu Erbrechen (Magendrehung)

Zeigt der Hund eines der beschriebenen Anzeichen z.B. während der Fahrt, dann entfernen Sie sofort den Maulkorb!

6. Provisorischer Maulkorb
Vorsichtshalber sollten Sie, außer bei den o.g. Anzeichen, immer einen provisorischen Maulkorb anlegen, da Hunde aufgrund von Schmerz-motivierter Aggression schnell zubeißen oder sich wehren *(siehe hierzu S. 136)*, **z.B. mit Verbandsstreifen oder Leine.** Der Hund wird dabei von einem Helfer, wenn möglich, von hinten rechts und links am Kopf, am sogenannten „Bart" gehalten (wenn keine Helfer zur Stelle sind, dann umfassen Sie den Fang, halten ihn fest und wenden die Leinenmethode an). Bereiten Sie dann eine Schlinge in der Mitte des Bandes vor, mit dem Knoten nach oben. Von vorne wird die Schlinge um den Fang des Hundes gelegt und fest

zugezogen. Anschließend werden die Enden unter dem Fang überkreuzt und im Nacken des Hundes sicher verknotet. Der ganze Vorgang sollte sicher und zügig durchgeführt werden, bevor der Hund durch Abwehrreaktionen die Schlinge abstreifen kann. Bei einer Leine können Sie die 2-3 Mal um den Fang schlingen und verknoten oder festhalten.

7. Prüfen Sie die Lebensfunktionen

Achten Sie darauf, ob der Hund atmet – auf Distanz gehen und auf das Heben und Senken des Brustkorbes achten.

Reagiert der Hund auf Zuruf oder Händeklatschen?

Um den Kreislaufzustand festzustellen, heben Sie die Lefzen an und drücken Sie mit dem Finger kurz auf das Zahnfleisch, innerhalb von ca. 3 Sekunden sollte sich das Zahnfleisch wieder blassrosa färben, andernfalls hat der Hund womöglich einen Kreislaufschock *(andere Verfärbungen finden Sie auf der nächsten Seite beschrieben)*.

Den Puls fühlen Sie an der Innenseite des Oberschenkels, den Herzschlag können Sie in Höhe des Ellbogens am Brustkorb spüren – am Sinnvollsten ist es, wenn Sie dies bei Ihrem eigenen Hund ausprobieren, um ein Gefühl dafür zu bekommen.

Die Augen ansehen – wenn möglich, auf Pupillenverkrümmung achten, die Pupillen müssen sich bei Lichteinfall (Augen evtl. vorher kurz zuhalten) zusammenziehen, wenn der Hund lebt.

Wenn weder Pupillenreaktion, noch Herzschlag oder Atmung festzustellen sind, können Sie den Hund leider nicht mehr retten. Bei vorhandener Reaktion, beginnen Sie mit den Wiederbelebungsmaßnahmen *(siehe nächste Seite)*.

8. Fahren Sie, wenn möglich, nicht alleine zum Tierarzt oder zur Tierklinik, da die Hunde plötzlich aufspringen und Sie oder sich selbst verletzen können – *Ausnahme:* Der Hund

befindet sich in einer Transportbox, ansonsten sollte eine zweite Person den Hund fixieren.

9. Gelähmte Tiere, die keinerlei Reaktion auf Zwicken oder Pieksen in die betroffenen Gliedmaßen zeigen, sollten Sie auf einem möglichst harten Gegenstand transportieren, z.B. ein Brett, damit man weitere Schädigungen vermeiden kann.

10.4. Wiederbelebung

Die Sauerstoffversorgung der wichtigen Organe muss wiederhergestellt werden, dazu müssen Atmung und Blutkreislauf funktionieren.

1. Atemwege
Das Maul öffnen und die Zunge nach vorne ziehen, entfernen Sie Fremdkörper aus dem Rachen, sowie Schleim oder Erbrochenes, damit die Atemwege frei sind, dann können Sie mit der Beatmung beginnen.

2. Beatmung
Die Zunge nach vorne ziehen, die Schnauze mit einer Hand schließen und den Kopf des Tieres überstrecken (er sollte ungefähr eine Linie mit dem Rücken bilden, also gerade sein) und dann das Tier durch die Nase beatmen – dafür die Nase komplett mit dem Mund umfassen, evtl. ein dünnes Tuch davor halten. Wenn sich der Brustkorb leicht hebt, aber nicht wölbt, ist es richtig – achten Sie darauf, dass sich nicht der Bauch hebt, denn dann pumpen Sie Luft in den Magen.

3. Kreislauf
Wenn Sie den Herzschlag geprüft haben und ein Herzstillstand (Herzprobleme aufgrund der mangelnden Durchblutung erkennt man auch an den blauen Schleimhäuten oder

der blauen Zunge) vorliegt, legen Sie den Hund auf die rechte Seite (vom Schwanz des stehenden Tieres aus gesehen), damit das Herz oben liegt. Legen Sie die linke Hand flach auf den Brustkorb, etwa in Höhe des Ellenbogens, dann pressen Sie schnell ca. 10 Mal mit der rechten Hand auf Ihre Linke (bei kleinen Hunden müssten Sie natürlich entsprechender vorsichtiger, bei Welpen z.B. nur mit zwei Fingern vorgehen).

Beatmung 1-2 Mal, dann Herzmassage – Kontrolle, ob Atmung oder Herzschlag eingesetzt haben und ggf. erneut Wiederbelebung wiederholen.

10.5. Schock

Die Bekämpfung eines Schocks hat Vorrang vor allen anderen Wiederbelegungsmaßnahmen!

Anzeichen hierfür sind: Schnelle Atmung, rasender Puls, blasse Schleimhäute, niedrige Körpertemperatur, also 37 Grad oder darunter und kalte Gliedmaßen. (Die normale Körpertemperatur liegt zwischen 38 und 39 Grad, je nach Größe des Hundes – eine Erhöhung um 0,5 Grad ist als „erhöhte Temperatur" einzustufen. Ab 40 Grad Fieber sollten Sie sofort einen Tierarzt aufsuchen.) Hält der Schock länger an, kommt es zu flacher Atmung, unregelmäßigem Herzschlag und keiner Reaktion mehr auf Reize.

Den Hund dann auf die rechte Seite legen, den Kopf überstrecken und Becken, bzw. Hinterläufe anheben und z.B. ein Kissen oder eine zusammengefaltete Jacke darunter legen. Sofort zum Tierarzt!

Für alles andere gilt: Lieber einmal zu oft beim Tierarzt, als einmal zu wenig. Haben Sie für den Besuch beim Tierarzt immer Leckerlis dabei und kommen Sie zuerst einmal mit dem Welpen zu Besuch vorbei, also noch ohne Untersuchung. So kann Ihr Hund die Praxis und den Arzt, bzw. die Mitarbeiter schon einmal kennen lernen. – Leider gibt es, *meiner Erfahrung nach,* nur wenige Tierärzte, die Ahnung von Nordischen haben (auch wenn viele das Gegenteil behaupten) und leider noch weniger, die überhaupt Ahnung vom Handling eines Hundes haben.

Wir haben uns immer brav angehört, was unsere Tierärztin gesagt hat, aber ihr auch erklärt, dass wir uns auskennen mit Hunden, vor allem mit Malamuten und ihre Meinung nicht zwangsläufig teilen. Sie hat das akzeptiert und alles ist in Ordnung. Hinterfragen Sie ruhig Ihren Tierarzt und lassen Sie sich etwas genauer erklären, wenn Sie es nicht verstehen. Wenn wir unsicher sind, bezüglich medizinischer Probleme, dann fragen wir einen zweiten Arzt. Lassen Sie sich einfach nicht verunsichern und nichts einreden, wovon Sie nicht selbst überzeugt sind oder was auch plausibel klingt.

10.6. Kastration und Sterilisation

Dazu sagen die Einen, dass man eine Hündin so früh wie möglich sterilisieren lassen sollte, also vor der ersten Läufigkeit. Die Anderen sind der Meinung, dass man die Hündin auf jeden Fall eine Läufigkeit oder zwei erleben lassen sollte, damit sich der Körper vollständig entwickeln könne und ebenso der Hormonhaushalt, denn ansonsten wisse die Hündin nicht, dass Sie eine Hündin sei und ebenso wenig andere Hunde. Sie sei quasi geschlechtslos, was bei Begegnungen zu Problemen führen könne. Auch heißt es oft, bei einer späten Sterilisation sei das Risiko groß, dass die Hündin an sog. Mammatumoren erkranken könnte.

Was stimmt denn nun? Bei einer unkastrierten Hündin liegt das Risiko einer Tumorerkrankung bei etwa 25%. Studien zufolge ist der, vom wissenschaftlichen Standpunkt, beste Zeitpunkt für eine Kastration 4 Monate nach der ersten Läufigkeit, weil sich dann das Risiko bzgl. Tumoren auf 0% senkt

– was auch bei einer Kastration vor der ersten Läufigkeit zutrifft – und die Hündin trotzdem ihre volle Reife erreicht hat. Präparate zur Läufigkeitsunterdrückung steigern das Risiko, eine Trächtigkeit hingegen hat darauf keinen Einfluss.

Es gibt viele unterschiedliche Meinungen und Erfahrungsberichte, auch von Seiten der Veterinäre. Wir kastrieren unsere Rüden prinzipiell nicht, allerdings wissen wir auch, wann und welche Hündinnen in der Nachbarschaft läufig sind und tasten die Hoden regelmäßig ab, ob sie sich seltsam anfühlen, geschwollen sind oder dergleichen. Meiner Meinung nach macht eine Kastration oder Sterilisation Sinn, wenn dies krankheitsbedingt sein muss, z.B. wegen Hypersexualität. Bei diesem Thema sollten Sie aber selbst entscheiden, was Sie für richtig halten.

Ein Hinweis für Halter von Hündinnen: Eine häufige Erkrankung, die kaum ein Halter kennt und die daher auch oft tödlich endet: die sogenannte Pyometra (=Gebärmuttervereiterung). Grundlage für die Entstehung der Pyometra ist die Läufigkeit. Während der Läufigkeit oder Hitze ist der Muttermund geöffnet und Bakterien können leicht eindringen. Nach einer gewissen Zeit schließt sich der Muttermund wieder, der gebildete Eiter kann nicht abfließen und die Gebärmutter ist prall gefüllt. Typische Symptome: Extremer Durst, große Urinmengen, Erbrechen, Müdigkeit, Bewegungsunlust, schnelles Atmen. Nach einiger Zeit kann sich der Muttermund wieder öffnen und Eiter aus der Scheide austreten (eitrig-blutig, schokoladenfarbig, häufig übelriechend) – in dem Fall spricht man von einer offenen Pyometra. Bei der geschlossenen Pyometra fließt der Eiter nicht ab.

Wird die Erkrankung früh genug erkannt, kann man medikamentös behandeln, ansonsten ist eine OP unumgänglich, bzw. zudem eine Kastration. Wichtig ist hierbei: Wenn der

Verdacht besteht, sofort zum Tierarzt oder in die nächste Tierklinik und keinen Druck auf den Bauch ausüben – eine geschlossene Pyometra kann durch Druck „platzen".

10.7. Impfungen

Das Thema Impfungen ist an sich etwas heikel, da von verschiedenen Tierärzten unterschiedliche Meinungen vertreten werden, welche Impfungen nötig sind und welche nicht. Außerdem werden die Stoffe selber regelmäßig verbessert, was natürlich wiederum eine Änderung der Impfzeiten möglich macht.

Ich meine, dass die Früh- und Grundimmunisierung des Welpen selbstverständlich sein sollte, das heißt: Beim Züchter erfolgt normalerweise eine **Frühimmunisierung** ab (*„ab" und nicht „exakt in", weil sich der richtige Zeitpunkt je nach Gesundheitszustand der Hunde verschieben kann, z.B. sollte man junge Tiere mit Durchfall nicht impfen lassen oder wenn sie gerade entwurmt wurden, da dies das Immunsystem zu stark belasten würde*) der 3. Woche gegen **Zwingerhusten** (= Bordetella bronchiseptica, Kurzform Bb), ab der 4. Woche wird gegen **Staupe und Parvovirose** geimpft (im Impfpass abgekürzt mit S=Staupe und P=Parvovirose).

Die **Grundimmunisierung** (d.h. der Aufbau von Antikörpern gegen die betreffende Krankheit) beginnt ab der 8. Woche mit der üblichen **SHPL-Impfung**, die Abkürzungen stehen für S=Staupe, H=Hepatitis, P=Parvovirose, L=Leptospirose.

Empfohlen wird nun, diese Impfungen (plus T=Tollwut, dies aber erst ab der 12. Woche) aufzufrischen und zwar, nach neuestem Stand, ab der 12. und 16. Woche und nochmal mit etwa 15. Monaten. Impfungen ab der 8. und 12. Woche finden u.U. auch noch beim Züchter statt, je nachdem, wann dieser die Welpen abgibt.

Hinweis: Laut Tierschutzgesetz dürfen Welpen frühestens ab der 8. Woche abgegeben werden, niemals bereits ab der 6. oder noch früher, wie dies auch manchmal vorkommt.

Meine Meinung: Wir achten immer auf eine Frühimmunisierung der Welpen (steht im Impfpass, den Sie auch vom Züchter mitbekommen) und auf eine ordentliche Grundimmunisierung.

Bei den erwachsenen Hunden, bzw. nach der Grundimmunisierung gibt es noch die Möglichkeit – nach neuestem medizinischem Stand – **3-Jahres-Impfungen** durchzuführen. Das heißt, die neuen Impfstoffe sollen über 3 Jahre wirksam sein, vor allem bei Tollwut wird dies gerne gemacht, mittlerweile kann man auch SHPLT (die normale 5-fach Impfung) in diesem Rhythmus durchführen lassen, wobei **Leptospirose** trotzdem noch jedes Jahr zusätzlich geimpft werden muss.

Es gibt Hundebesitzer, die gegen **Tollwut** gar nicht mehr impfen lassen *(sofern man ins Ausland reist, benötigt man einen im europäischen Ausland gültigen EU-Impfpass und eine Tollwutimpfung ist Pflicht, je nach Land gibt es weitere Impfvorschriften – bezüglich Impfschutz und anderer Vorschriften z.B. Maulkorbmitführung in Italien, bei Auslandsreisen sollten Sie also bitte Ihren Tierarzt befragen)*, allerdings, da bei uns in der Nähe erst 2009 ein Fuchs (die bekanntesten Überträger) einen Hund infizierte und dieser leider eingeschläfert werden musste, sieht man, dass Tollwut zwar extrem selten, aber nicht völlig ausgerottet ist.

Wir impfen regelmäßig gegen Tollwut, auch schon vor dem oben beschriebenen Unglück. Ebenso bevorzugen wir die normale jährliche Impfung, da unsere Hunde ohnehin einmal im Jahr (sofern sie natürlich ansonsten nicht erkrankt sind) einen Routine-Gesundheitscheck beim Tierarzt machen

„müssen" und da liegt es nahe, auch gleich die Impfungen durchzuführen.

Zusätzlich gibt es noch sogenannte **Wahlimpfungen**, die man nutzen kann, aber nicht empfohlen werden, dies sind: Cv= Coronavirus (eine schwere Darmentzündung, die vor allem bei größeren Hundegruppen auftreten kann) und Bb=Bordetella bronchiseptica, also Zwingerhusten.

Wir impfen unsere Malamuten auch gegen Zwingerhusten, weil diese bei mir in der Hundeschule oft Kontakt zu anderen Hunden haben und sich Zwingerhusten sehr, sehr schnell verbreitet, sobald mehrere Tiere zusammentreffen. –

Wichtig zu wissen: Die Impfung schützt den Hund vor den schweren Folgen des Zwingerhustens, aber er erkrankt trotzdem, nur verläuft die Krankheit sehr viel „leichter" und mit weniger schwerem Risiko, als dies ohne den Impfschutz passieren würde.

Es gibt auch **homöopathische Impfungen**, die derzeit sehr gefragt sind und viele Leute mich, als Tierheilpraktikerin, konsultieren. Da diese Impfungen weder wissenschaftlich fundiert oder anderweitig anerkannt und ebenso auch nichts über Risiken und Nebenwirkungen *(ja, auch homöopathische Mittel können Nebenwirkungen entfalten)* bekannt ist und diese auch nicht bei Auslandsreisen anerkannt werden, spreche ich mich vehement gegen die Nutzung dieser homöopathischen Impfungen aus.

Man kann auch immer öfter von Personen lesen, die ihre Hunde gar nicht mehr impfen oder höchstens die Grundimmunisierung durchführen und dies wird gerne erklärt mit den Worten: *„Nach der Grundimmunisierung hat das Tier bereits einen ausreichenden Impfschutz..."* oder *„Da Hunde von Wölfen* *abstammen und diese ja auch nicht geimpft werden, müssen wir unsere Haustiere auch nicht impfen..."* oder *„Impfungen sind nur Geldmacherei der Pharmaindustrie und der Tierärzte...".*

Ich habe mir einige Diskussionen angehört, viel gelesen und bin zu dem Schluss gekommen: Es ist möglich, dass von zehn Hunden, einer oder zwei ohne Impfungen ihr Leben glücklich und ohne Probleme genießen, es ist aber ebenso möglich, dass die anderen acht erkranken und im schlimmsten Fall sterben – da niemand sagen kann, weil es hierzu leider keine langfristigen Studien gibt, ob und inwieweit ein Canide wirklich einen dauerhaften Impfschutz ausbildet, möchte ich persönlich hierbei kein Risiko eingehen, dafür sind mir meine Hunde zu wichtig.

Wie sich jeder Einzelne entscheidet, kann ich nicht beeinflussen, aber ich möchte ich Ihnen empfehlen, Ihren Hund regelmäßig impfen zu lassen.

Denken Sie bitte daran, was viele Tierärzte leider nicht mitteilen, einen Welpen **nach den Impfungen** möglichst in Ruhe zu lassen, keine großartigen Spiele, einfach nur Ruhe – der Körper kann Reaktionen auf den Impfstoff zeigen, wie z.B. starkes Hecheln, Zittern, Unruhe, Appetitlosigkeit etc. – wenn Sie diese Symptome nach einer Impfung beobachten, rufen Sie bitte Ihren Tierarzt an, im Allgemeinen zeigt diese Reaktion, dass der Körper den Impfstoff verarbeitet und die Impfung somit anschlägt, aber Sie sollten hierbei auf Nummer sicher gehen. Manche Welpen vertragen eine Impfung besser als andere. Oft sind die Impfstellen noch etwa 3-4 Tage lang etwas geschwollen oder sehr empfindlich auf Berührung, das ist normal. Beobachten Sie Ihren Welpen trotzdem und wenn er z.B. nichts frisst, nichts trinkt oder ungewöhnlich lethargisch ist, dann fahren Sie bitte zum Tierarzt.

11. Der Malamute und die Jahreszeiten

Während, je nach Temperatur, unsere Hunde im Herbst, Winter und Frühjahr trainiert werden, ist der **Sommer eine Pausenphase.** Da sind wir nur faul, sowohl Hunde als auch Halter. Sind die Temperaturen im Sommer noch einigermaßen kühl, aber dennoch zu warm zum Training, können Sie dem Hund beim Spaziergang oder auch im Garten Leckerlis verstecken und ihn suchen lassen. Nasenarbeit ist eine gute Möglichkeit, den Hund anderweitig auszulasten.

Sorgen Sie auch dafür, dass immer Wasser bereitsteht, wir haben zwar den Weiher in der Nähe, aber im Hof steht auch eine große, stabile Plastikwanne, die im Sommer regelmäßig mit frischem Wasser befüllt und wieder gereinigt wird, damit sich keine Algen ansetzen. Dort springt vor allem der Kleine gerne hinein, weil wir ihm als Welpen Leckerlis, die schwimmen, hineingeworfen haben und er hat sie rausgefischt. Auch haben wir die Wanne ab und an nur mit einer kleinen Menge Wasser befüllt und schwere Leckerlis hineingeworfen. Diese sind untergegangen und der Kleine hat sie aus dem seichten Wasser gefischt, indem er bis zu den Ohren eingetaucht ist. Natürlich muss man den Hund langsam daran heranführen, auch an einen Gartenschlauch, denn wenn er mal furchtbar schmutzig ist, dann macht es Sinn, ihn erst einmal draußen grob abzuwaschen, ehe Sie ihn in die Badewanne packen.

Apropos Badewanne, dazu noch ein kleiner Tipp: Eine möglichst große, rutschfeste Badematte hilft Ihrem Hund, denn die meisten Hunde können die Wanne nicht ausstehen, weil sie darin rutschen und keinen festen Halt haben. Unseren haben wir als Welpen hineingehoben und Leckerlis auf dem Boden verteilt und ihn dann gewaschen. Durch die Leckerlis wird er automatisch belohnt. Will er hinaushüpfen, dann fixieren Sie ihn und locken ihn wieder mit Leckerlis an. Bis er es verstanden hat, werden Sie wahrscheinlich ziemlich nass. Ich war danach immer von oben bis unten klatschnass, während die Hunde schon wieder fast trocken waren. Später, wenn der Hund größer ist und es eine gewisse Kraft erfordert, ihn in die Wanne zu heben, legen sie seine Vorderpfoten auf den Rand, geben einen Befehl, wie „Hepp" oder „Hopp" o.ä. und heben seinen Hintern hinein, dann sofort Leckerli geben und mit dem Waschen anfangen. Übrigens ist es bei uns die Badewanne, da wir keine Dusche haben.

Im Winter sollten Sie dem Hund die Pfoten, vor allem wenn viel Streusalz liegt, mit Vaseline einschmieren, dazu können Sie den Befehl „*Toter Hund!*" nutzen. Vaseline hält die Pfoten geschmeidig und ist wasserabweisend, denken Sie auch daran, die Pfoten nach jedem Spaziergang abzuwaschen und wieder zu trocknen.

Achten Sie darauf, dass Ihr Hund nicht zuviel Schnee frisst, da das Salz oft den Magen reizt und zu Erbrechen führt. Vor allem bei Welpen kann es zu einer Magen- und Darminfektion führen, also mit ständigem Erbrechen, meist schaumig, der Hund jammert viel, weil die Magensäure reizt und brennt, er frisst nicht und trinkt kaum oder nur wenig. Falls Sie keinen Tierarzt erreichen, können Sie dem Hund in diesem Fall – wir haben hier gute Erfahrungen gemacht – mit einer Einmalspritze (ohne Nadel) lauwarmen Schwarztee mit einer Prise Salz (pro Tasse) einflößen. Immer nur wenige Milliliter, solange, bis der Hund sich beruhigt hat – füttern Sie 24 Stunden lang nichts bzw. Reisschleim (also so lange gekochter Reis, bis er völlig schleimig ist, da er das ganze Wasser aufgesogen hat) und gekochtes Putenfleisch, ohne Gewürze. Wenn die Symptome schlimmer werden oder Sie unsicher sind, konsultieren Sie einen Tierarzt.

Natürlich kommt Ihr Malamute auch in den Fellwechsel. Die Unseren nur einmal im Jahr, im Frühling, aber die Hündin einer Freundin sogar zweimal, im Frühling und Herbst. Dabei verliert der Hund seine Unterwolle, sie wächst raus. Am Sinnvollsten ist es, den Hund nur ein- oder zweimal im Monat richtig durchzubürsten, ansonsten zupfen sie die abstehenden, losen Fellbüschel einfach mit der Hand heraus. Denn wenn sie den Hund regelmäßig bürsten, wächst die Unterwolle nur um so stärker nach. Also zupfen Sie aus, was ohnehin von selbst herauswächst.

von Sabrina Kowsky

12. Die richtige Auslastung

Für einen Malamuten Besitzer ist die richtige Auslastung ein wichtiges Thema, denn Ihr Hund ist ein Powerpaket, voller Arbeitswillen und -lust, mit dem sogenannten „Desire to go" – der Wille nach vorne zu gehen, also zu laufen oder zu ziehen. Welche Methode für Sie am sinnvollsten und besten ist, können allerdings nur Sie selber entscheiden. Für das Zugtraining benötigen Sie aber noch einige zusätzliche Befehle, die Sie Ihrem Hund beibringen können.

Wir begannen, als unsere Hunde alt genug waren, damit, ihnen das Geschirr (ein spezielles Zuggeschirr, welches Sie im Internet in diversen Shops finden) anzuziehen und dann einen vollen 5-Liter-Wasserkanister hinten an die Leine zu hängen und den Hund durch den Garten oder über die Wiese zu schicken (Gras ist hier zu bevorzugen, da der Kanister sonst ständig scheppert und dies den Hund ängstigt). Einer schickte ihn los mit einem „Go!" (der Startbefehl) und der andere lockte ihn mit demselben Befehl an und der Hund erhielt sofort ein Stück gekochte Leber, das Zaubermittel um einen Hund zu belohnen. Sinn ist, den Hund an Geschirr und den leichten Druck duch das Gewicht hinter ihm zu gewöhnen und zugleich die Angst vor dem Schleifgeräusch zu nehmen. Dieses wird wie jeder Befehl nur kurz aber immer wieder trainiert, bis der Hund keine Probleme mehr hat und sofort beim Befehl losläuft ohne zu stocken, also, bis er sich völlig auf seine neue Aufgabe freut, denn ohne Freude an der Arbeit wird Ihr Hund auch nicht arbeiten oder nur unter Zwang. Also machen wir ihm das Ziehen mit Leckerlis schmackhaft, so dass er es absolut genial findet. Hier ist es auch wie beim Spiel: Man beendet es, solange es für den Hund Spaß macht, denn erstens beenden *Sie* immer das Spiel oder das Training und zweitens freut sich der Hund so noch mehr auf die nächste Trainings- oder Spieleinheit. Ihr Hund muß schon freudig reagieren, wenn sie nur das Geschirr in die Hand nehmen, dann hat er es richtig verknüpft.

Den Befehl „Stopp!" sollte Ihr Hund mittlerweile kennen und so fehlen nur noch die Befehle für „Rechts" und „Links", in der Mushersprache „Gee" und „Haw". Da ich die beiden Befehle immer verwechsle und ja im eigentlichen Sinne kein Musher bin, sondern meine Haushunde lediglich damit artgerecht auslasten will, nutze ich „Rechts" und „Links", wobei ich „Rechts" ein wenig dunkler betone und „Links" etwas höher. Ich habe dafür meine Hunde an der Leine durch einen kleinen Parkplatz bei uns in der Nähe geführt und bei jedem Abbiegen die Richtung dazu gesagt, natürlich verbunden mit Lob und Leckerli. Auch beim Spazieren gehen oder Radfahren habe ich die Richtung jedes Mal gesagt und die Hunde haben es durch die Regelmäßigkeit schnell verstanden.

Wenn Sie anspannen, dann suchen Sie sich einen möglichst weichen Boden, denn auf Teer sollten Sie nicht mehr als zwei Kilometer fahren, da die Pfoten sonst zu stark beansprucht werden und aufreiben. Am besten wäre Waldboden oder Feldwege mit kurzem Grasbesatz. Je weicher der Boden, desto mehr wird sich Ihr Hund freuen, denn dies ist das Beste und Angenehmste für seine Pfoten überhaupt.

Bei Verletzungen, wie z.B. Rissen, tupfen Sie Balistol Öl - das normale Öl oder das neue „Balistol Animale"- *lediglich der höhere Preis des „Animale" unterscheidet es vom Original -* darauf und massieren es leicht ein. Dies lässt die Wunden abheilen und hält die Pfoten geschmeidig; wahlweise auch „Calendula Wundsalbe" von Weleda. Bei tieferen Wunden, sogenannten „Cuts", also tiefen Rissen oder gespaltenen Wunden in den Pfotenballen, müssen diese „verklebt" werden, da Sie bei jeder Bewegung, also durch den Druck, immer

von Sabrina Kowsky

wieder aufbrechen. – Die perfekte Creme hierfür gibt es leider nicht, aber man kann, da solche Cuts bei Haushunden sehr selten sind, ebenfalls Wundsalbe auftragen und einen Pfotenschutz, z.B. ein sog. Bootie = Pfotenschutzschuh, benutzen. Wenn Sie unsicher sind über die Art der Verletzung, dann suchen Sie bitte einen Tierarzt auf.

12.1. Fahrrad

Wir nutzen zu Beginn des Trainings immer das Fahrrad, um die Hunde auf Ausdauer zu trainieren. Bandit haben wir ab einem Alter von etwa sechs Monaten mitgenommen.

Zunächst sind wir kleine Strecken gefahren und haben das Tempo seinem angepasst, dann langsam und Stück für Stück aufgebaut. – Nicht übertreiben, denn ein Junghund hat noch kein voll entwickeltes Skelettsystem, Knochen oder Gelenke und kann sich sehr leicht verletzen. Damit Sie nicht mit einer Hand die Leine halten müssen, empfehle ich Ihnen einen sogenannten „Springer", der am hinteren Teil des Fahrrades befestigt wird, versehen mit einem Abstandhalter und einer Federung, um eventuelle Leinenrucke abzufedern. Daran wird die Leine befestigt und der Hund kann mitlaufen, aber: Immer mit Geschirr *(denken Sie hier daran, dass der Hund, wenn er gelernt hat, am Geschirr Fuß zu gehen, dies evtl. auch am Zuggeschirr tut – je nachdem, wie stark der Befehl „Fuß" verknüpft wurde)* und auch nur, wenn der Befehl „Fuß" super funktioniert, denn ansonsten wird Ihr Hund ziehen und kann sich wieder verletzen, wenn er Sie, als Ungeübter, nicht auch noch plötzlich vom Rad zieht. Also, wenn der Befehl funktioniert, probieren Sie es einmal, mit der Zeit werden Sie sich daran gewöhnen und lernen, auch Ihre Augen überall zu haben, sowohl beim Hund, als auch bei der Sicherung der Umgebung.

Am Sinnvollsten wäre ein altes Fahrrad, das etwas niedriger ist, so dass Sie mit beiden Füßen bequem auf dem Boden aufkommen, für den Fall einer plötzlichen Bremsung. Der Vorteil des „Springer" ist:

- der Hund wird auf Abstand gehalten, kann also nicht plötzlich vor das Rad laufen oder hochspringen
- Stöße werden abgefedert
- dem Hund wird der Befehl „Fuß" noch mehr verdeutlicht, da er hinten bleiben muss und nicht nach vorne kann

Ein weiterer Vorteil ist zudem, dass Sie dem Hund mit dem Fahrrad ein gemäßigtes Tempo vorgeben und Sie so noch interessanter und wichtiger werden, da er ja an Ihnen dran bleiben will, da Sie ansonsten wegfahren könnten. Die Leine am Springer ist übrigens sehr kurz, nicht so, dass der Hund nach oben gezogen wird, aber so, dass Sie gerade noch locker sitzt. Messen Sie es am besten aus und nehmen Sie entweder eine Leine doppelt oder knoten Sie ein entsprechendes Seil fest (muss aber auch wirklich bombenfest sitzen). Loben Sie ihn, wenn er gut mitläuft, haben Sie immer Wasser dabei *(wenn keines in der Nähe ist, wie bei uns der Weiher)* und machen Sie zwischendurch immer mal wieder Pausen, bieten ihm Wasser an und geben ihm Leckerlis. Achten Sie immer auf Ihren Hund und drosseln Sie das Tempo, wenn er langsamer wird, bzw. bleiben Sie stehen, lassen Sie ihn ablegen, Wasser anbieten und lassen ihn einige Minute rasten. Ein Malamute erholt sich sehr schnell, denn er gibt nie 100% seiner Leistung, sondern nur etwa 70%. Er wird sich immer einen Rest Energie bewahren um z.B. noch einen Sprint hinzulegen, um die Muskeln wieder zu lockern oder, wenn er dürfte, noch einem Hasen nachzujagen. Trotzdem sollte es nie so weit kommen, ein Training wird immer beendet, bevor der Hund sich verausgabt. Unter Umständen werden Sie erleben, dass Ihr

Hund von sich aus stark hechelnd stehen bleibt und eine Pause macht – dies ist ein Anzeichen, dass er diese Pause benötigt, dann wurde der Hund zu stark oder zu lange gefordert. In dem Fall warten Sie, bis sich die Atmung beruhigt hat und der Hund wieder ansprechbar ist, bzw. von sich aus weitergeht und verlängern die Pausen oder verkürzen die aktive Zugstrecke – dies ist ein großer Vorteil beim Malamuten, da er sich selber nie überlastet.

Er soll Ausdauer aufbauen, Routine bekommen, nicht aber an seine Grenzen stoßen, denn dann wird er sich in Zukunft von selbst drosseln und somit nicht mehr richtig Leistung bringen.

Im Sommer bzw. ab einer gewissen Außentemperatur ist sportliche Aktivität für den Malamuten tabu, da es ihm einfach zu heiß ist und er sonst schnell überhitzt. *Lesen Sie dazu den Abschnitt „11. Der Malamute und die Jahreszeiten" ab S. 105*

Ab einem Alter von einem Jahr können Sie Ihren Hund auch vor das Fahrrad spannen, damit er das Rad zieht. Dazu sollten er die Befehle „Go!", „Stop!" und „Rechts", „Links" einwandfrei beherrschen. Wir haben ein festes Kunstoffseil mit Karabinerhaken in der Mitte des Lenkers befestigt, natürlich rutsch- und reißfest, ein Ruckdämpfer daran und dann noch mal ein ca. zwei Meter langes Zugseil, wieder ein Karabinerhaken, der dann am Geschirr des Hundes befestigt werden kann. Ich bin sicher, dass es dafür auch eine professionelle Ausrüstung gibt, welche man sich zulegen kann, doch für unsere Zwecke genügt dies. Es ist absolut reißfest und das Zugseil vorne lang genug, damit ich noch ausreichend Zeit zum Bremsen habe, falls der Hund plötzlich stehen bleibt. Denn würde ich dem Hund die ersten Male am oder vor dem Rad verletzen, dazu zählen auch: *Über die Pfoten fahren; bei einer Bremsung erwischt ihn der Vorderreifen am Hintern usw.*, dann wäre es mit dem Spaß schnell vorbei und der Hund wird sich weigern, wenn es ihn mehr ängstigt, als Freude bereitet. Natürlich kann es vorkommen, dass so etwas oder andere Verletzungen passieren. Wenn dies der Fall sein sollte, bleiben Sie immer ruhig *(was oft nicht leicht ist, denn unser Großer z.B. schreit wie verrückt, auch bei kleinen Wunden, jedoch nur kurz und läuft dann nach einer Begutachtung aber auch gleich wieder weiter)*, sehen Sie sich an, wo der Hund verletzt ist – ein erste Hilfe-Kurs wäre ratsam – haben Sie immer einen Mini-Verbandskasten dabei (den können Sie auch selber packen) und ansonsten, den Hund immer abspannen, das Handy raus und den Tierarzt anrufen. Da wir mitten im Wald unterwegs sind, haben wir immer die Nummern von einem Nachbarn, der zuhause ist, von den Fischern aus der Umgebung und vom Jäger. Die kennen die Gegend und die Hunde.

Mit mehr als einem Hund ist Radfahren vorne angespannt nicht zu empfehlen, da sie anstatt der üblichen 7-15 km/h *(Malamuten sind keine Sprinter wie Huskies, sondern gemütliche Spaziergänger)* kurzfristig auf gute 25-35 km/h kommen würden, wenn sie einem Hasen nachjagen. Vor allem der Befehl „Stop" ist in einer solchen Situation sehr wichtig. Unsere kennen zudem die Befehle „Langsam" und „Weiter". „Langsam" haben wir den Hunden am Fahrrad am Springer gelernt, indem wir immer leicht abgebremst haben und dazu immer den Befehl gesagt haben, sie also ausgebremst – dies allerdings erst, wenn ihr Körper voll entwickelt ist und auch nur kurz, nicht dauerhaft oder über längere Strecken. Diesen Befehl können Sie auch vorher schon beim Lauftraining mit einbauen. Der Hund versucht immer, mit Ihnen Schritt zu halten, also können Sie einen Sprint einlegen, dann langsamer werden und den Befehl dazu geben. Bauen Sie es regelmäßig in Ihr Training mit ein, auch hier entsteht die richtige Verknüpfung durch Wiederholung. „Weiter" heißt, dass der Hund beim Training nicht stehen bleiben soll zum Markieren oder zur Seite ins Gebüsch ziehen (vor allem wenn er einem Hasen nachläuft), sondern eben auf der normalen Strecke weiter. Wir haben dies an der Leine beim Lauftraining geübt, denn Training / Arbeit ist Arbeit und Gassi gehen ist Schnüffeln und Markieren. Wenn der Hund an der Leine zur Seite will, einfach weitergehen, dann ein kurzer, leichter Ruck (Sie ziehen ihn quasi weiter mit) und der Befehl dazu – wieder loben und Leckerli. Laufen Sie ruhig mal ein Stück, gehen Sie dann langsam und wenn er markieren will oder abbiegt, sofort den Befehl und loslaufen. Natürlich auch erst, wenn er bereits entsprechend aktiv und körperlich geeignet ist. Reißen Sie nicht an der Leine, sondern ruckeln Sie nur und erst, wenn Ihr Hund Sie ansieht, dann noch mal den Befehl geben und los geht's; nur mit Geschirr und diese Trainingseinheiten auf mehrere Male verteilen, nicht ständig, da das Tier sonst den Spaß am Lernen verliert.

Man kann ungefähr sagen: Für jedes Training, egal ob Trainingswagen, Fahrrad oder Laufen gilt: 1 Minute Training, dann 1 Minute Pause, 1 Minute Training, 1 Minute Pause und so weiter. Hier können Sie langsam aufbauen auf 2 Minuten Training, 2 Minuten Pause usw. – später, wenn er gut trainiert ist, können Sie die Pausen auch langsam reduzieren, ich empfehle, die Pausen immer bei mindestens 2 Minuten zu belassen, da Ihr Hund sich bei jedem Losgehen/Loslaufen im sogenannten Triebstau *(quasi die Aufregung weil überall neue Gerüche, Hunde, Leute etc. sind)* befindet, welcher nach etwa 10-15 Minuten nachlässt *(das sehen Sie, wenn der Hund ruhiger wird),* mit jeder Pause, die Sie ihm beim Training geben, erhalten Sie den Triebstau, was für ein gleichmäßiges Training und für gleichmäßigen Zug und Krafteinteilung sorgt.

Dies ist eine sichere und einfache Methode für Anfänger, die noch nicht soviel Erfahrung in der Ausbildung von Zughunden haben – wer sich über die anderen Methoden informieren möchte, die hier nicht beschrieben werden, weil die Masse an Information ein eigenes Buch füllen würde, dem kann ich entweder ein Gespräch mit einem Musher empfehlen oder ein Seminar bei Herrn Heinrich Stahl *(siehe Quellenverzeichnis S. 168 Punkt 8)*.

Für einen einzelnen Malamuten ist das Fahrrad zum Auslasten ideal, auch wenn Sie mehrere Hunde haben, aber nur einen Malamute, denn nicht alle Hunde sind zwangsläufig zum Anspannen geeignet. Auch wenn die Kraft ausreichen würde, ist der Körperbau nicht bei jedem Hund für Zugarbeit ausgelegt.

12.2. Trainingswagen

Ein Trainingswagen sollte immer mit einem Minimum von zwei Hunden gefahren werden. Für einen Malamuten allein ist ein Trainingswagen mit Ihrem zusätzlichen Gewicht einfach zu schwer und führt dauerhaft zu einer Überbelastung der Gelenke und Knochen, auch wenn der Hund bereits ausgewachsen ist. Trainingswagen sind in der Regel vierrädrig zum hinten draufstehen, damit Sie höher sind und den Überblick für das Gelände auch vor den Hunden haben. Da diese jedoch nicht sehr billig sind – es sei denn, Sie bekommen einen gebrauchten – hat mein Mann den unseren selber gebaut. Gerne genutzt wird dafür ein ausgeschlachtetes Quad, also ohne Motor und Getriebe. Ein Trainingswagen bietet den Vorteil, sicherer zu sein als auf einem Bike. Dazu gibt es auch die Möglichkeit, Wasserkanister, Futterschalen etc. sicher mitnehmen zu können. Er fällt auch auf rutschigem Gelände nicht um, wie ein Rad und ist besser zum Stehen zu bringen, da alle vier Räder gebremst werden. Also optimal zum Lernen.

12.3. Schlitten

Einen Hundeschlitten werden Sie in unseren Breitengraden nicht oft nutzen können. Für einen Anfänger empfehle ich auch keinen, denn darauf muss man schon stehen können, er ist nicht so lenkbar wie ein Fahrrad oder Trainingswagen, enge Kurven auf Feldwegen sind riskant für Anfänger mit einem unerfahrenen Hund, denn wenn dieser die Kurve schneidet, kann es für Sie sehr schmerzhaft werden. Wenn Sie höher wohnen und mit einem Schlitten fahren wollen, dann sollten Sie sich vorher mit einem erfahrenen Musher zusammen setzen und sich das genau zeigen lassen – hier ist Praxis äußerst wichtig und theoretisch nicht erklärbar.

12.4. Agility

Natürlich können Sie mit Ihrem Malamuten auch andere Trainingsmethoden nutzen, bzw. gibt es viele zusätzliche Hundesportarten, die man auch mit einem Malamuten ausüben kann (Ballspiele z.B. nicht oder nur selten, weil es einem Malamuten einfach zu dumm ist 50 Mal hinter einen Ball herzurennen), wir arbeiten außerhalb des Zugtrainings nur mit Agility und deshalb möchte ich Ihnen auch meine Erfahrungen aus diesem Bereich mitteilen.

Beim Agility läuft der Hund, unter Anleitung des Hundehalters (nur über die Stimme), einen Parcours, der aus bis zu zwanzig verschiedenen Hindernissen zusammengestellt ist. Hund und Halter müssen Geräte, wie Tunnel, Slalom, Weitsprung etc. in der vorgegebenen Reihenfolge schnellstmöglich und auch möglichst fehlerfrei bewältigen. Eigentlich ist dieser Sport für fast alle Hunde geeignet, große oder sehr große Hunde sieht man selten, weil sie anfälliger für gesundheitliche Schäden sind und auch, da sie in den Wettbewerben für gewöhnlich anderen Hunden, wie z.B. den wendigen Collieartigen – Australian Shepherd – unterlegen sind. Ein guter Gehorsam *(viele Schulen verlangen hierfür die Begleithundeprüfung, warum dies aber absolut nichts für einen Malamuten ist, erfahren Sie ab S. 155 ff.)* und ein absolut gesunder Hund – es dürfen keine Schädigungen des Bewegungsapparates vorhanden sein, z.B. Hüftdysplasie – sind Pflicht.

Turnieragility, also ein Wettbewerb, ist nichts für einen Malamuten.

Agility mit einem Malamuten zu trainieren, sollte rein des Spaßes halber geschehen, aber nicht aufgrund von Wettbewerbsambitionen – ein Malamute hört auf, wenn es ihm zu heiß wird, er überfordert ist oder der Außenreiz *(beim*

Turnier: andere Hunde, fremde Leute etc.) zu groß wird, bzw. er nicht mehr konzentriert ist und, im Gegensatz zu einem z.B. Border Collie, hat er keinen *Desire to please (siehe S. 26)*.

Normalerweise läuft der Hund im Parcours frei, also ohne Halsband und Leine, es gibt aber für Anfänger auch spezielle Agilityleinen, die sehr dehnbar sind.

Wir nutzen Agility im Sommer (frühmorgens oder abends, wenn es kühler ist, immer mit Wasser in der Nähe, damit sich die Hunde jederzeit abkühlen können), wenn anderes Training aufgrund der Außentemperaturen nicht möglich ist. Aber dies auch nur zeitlich begrenzt; wir halten uns genau an die Hunde – sie leisten nur, was sie möchten und können, keines unserer Tiere wird extra „angeheizt" zum Training. Wenn sie ins Wasser gehen, weil sie sich abkühlen wollen, beenden wir die derzeitige Übung nicht noch, sondern lassen die Hunde gehen – in dem Fall ist es einfach nur der Spaß, etwas anderes zu machen.

Was anderes ist es, wenn der Hund abgelenkt wird und z.B. lieber schnüffeln oder markieren will, dann holen Sie ihn wieder mit einem Leckerli zu sich und beenden die Übung – danach können Sie ihn per Befehl wegschicken. Denken Sie an ausreichend Pausen, auch für sich selbst – Agility erfordert Konzentration!

Im Garten z.B. kann man wunderbar eine **Agility-Grundausrüstung (bestehend aus Tunnel, Slalom und Hürde)** aufstellen, wobei wir einfach alles nutzen, was sich eignet, z.B. alte Autoreifen (ohne Löcher oder Risse), eine Bank *(fest stehend!)*, wo die Hunde drüber hüpfen oder auch drunter kriechen, ein Baumstumpf zum Balancieren *(wieder fest stehend, darf nicht wackeln)* und alles, was wir irgendwie verwenden können. **Wichtig ist 1.**, dass sich das Tier keinesfalls daran verletzen kann, z.B. an Holzsplittern und auch, dass es das Gewicht des Hundes trägt - *ich hüpfe immer selber ein paar Mal auf allen Sachen rum, denn wenn sie mein Gewicht tragen, dann auch das des Hundes* - **und 2.** absolut fest und sicher steht. Ihr Hund darf nicht durch eine z.B. umfallende Bank dazu gebracht werden, dass er sich, zum einen verletzt oder zum anderen erschrickt. Unter Umständen geht er nie wieder auf diese Bank; denken Sie an die klassische Konditionierung.

Fangen Sie langsam an. Am Anfang habe ich mir einen Hund genommen, die Hand zuvor mit Leberwurst eingeschmiert *(wahlweise auch einfach ein Stück Wurst, dass Sie so in der Hand halten, damit der Hund daran knabbern kann, es aber nicht komplett frisst - wenn Sie an den Händen empfindlich sind, ziehen Sie dünne Handschuhe an)* und gingen zuerst eine einzelne Übung durch, z.B. den **Slalom**. Hierbei konnten wir auch toll die Befehle „Rechts" und „Links" üben - die Stangen wurden soweit auseinandergestellt, dass ich neben dem Hund, ich fing mit Bandit an, durch die Stangen durchgehen konnte (dies ist von Vorteil, wenn Sie den Hund an der Leine führen). Durch die Leberwursthand wird der Hund automatisch belohnt, bleibt bei Ihnen und Sie sagen nur die Befehle dazu.

Nach der Übung machte ich eine Pause von ca. 1 Minute, holte Bandit dann wieder zu mir und wiederholte die Übung - sobald ich merkte, dass er unkonzentriert wurde oder verstärkt hechelte, brach ich sofort ab und ließ ihn selbstständig laufen.

Der Tunnel ist oft problematisch für die Hunde, weil er lang und dunkel ist. Bandit haben wir einfach - *was man im originalen Agility nicht macht, dort schiebt man den Tunnel zusammen, führt den Hund durch und zieht den Tunnel langsam Stück für Stück auseinander* - ein Leckerli hineingeworfen und gesagt: „Tunnel", dann lief ich schnell außen rum, während

von Sabrina Kowsky

Bandit im Tunnel war und lockte ihn von der anderen Seite an. Mit der Zeit lernte er, wenn der Befehl „Tunnel" kam und das Leckerli reinflog, hindurchzulaufen, weil ich auf der anderen Seite wartete.

Am Anfang wendete er ein paar Mal im Tunnel oder lief außen rum, mir nach oder er legte sich einfach hinein und schlief. In diesen Fällen führte ich ihn wieder zur Ausgangsposition, ließ ihn absitzen, warf das Leckerli und sagte zeitgleich den Befehl und lief dann wieder zum anderen Ende.

Die Hürden waren das Schwierigste, weil keiner der Hunde einsehen wollte, darüber zu springen, sondern beide liefen immer außen rum. Das heißt nicht, wenn Ihr Hund dies auch macht, das er dumm ist, sondern einfach: Der Hund nimmt den leichtesten Weg, genaugenommen ist das ein Zeichen, dass der Hund recht schlau ist.

Ich habe das Problem gelöst, indem ich selber eine Hürde gebaut habe: zwei normale Slalomstangen, weil diese ja unbedingt auf Druck nachgeben müssen, um Verletzungen vorzubeugen, und dazwischen schlicht ein dünnes, biegsames Kunststoffrohr, etwa 1,50 m lang, auch wenn das Kunststoffrohr dabei etwas durchhängt. Daran haben wir mit dünner Schnur einige Stoffdreiecke in leuchtendem Rot befestigt, damit die Hunde nicht darunter durch laufen; der Stoff dient sozusagen als Abgrenzung. Ich bin dann mit den Hunden zusammen mit etwas Anlauf darüber gesprungen. Das Rohr habe ich anfangs ganz nach unten gehängt, damit die Hunde erst einmal in Übung kommen, dahinter muss genug Platz sein zum Auslaufen, dann kann man das Rohr langsam erhöhen.

Damit die Hunde auch allein darüber springen, habe ich mich vor das Rohr gestellt, die Leberwursthand ausgestreckt und damit der Hund sie erreichen konnte, musste er darüber springen, dazu immer der Befehl „Hopp". Anfangs liefen beide gerne außen rum, aber ich führte sie nur mit einem ruhigen „Nein" wieder zurück und wir begannen von vorne. Als wir die Hürde etwa kniehoch *(höher habe ich sie nie gestellt, wegen der Verletzungsgefahr, der Druck auf die Gelenke beim Aufkommen ist sehr hoch)* stellen konnten, setzten wir einen der Hunde in etwa eineinhalb Meter (damit sie anlaufen können) Entfernung ab, gingen hinter die Hürde und riefen den Hund ab – während der Hund sprang, ging ich sofort zur Seite oder zurück, um dem Hund die nötige Auslaufphase zu geben.

Jeden Tag oder mehrmals pro Tag habe ich nie geübt, sondern ein oder zweimal pro Woche, je nach Lust, Laune und Temperatur.

Beachten Sie bitte:
• Haben Sie Spaß dabei, machen Sie keinen Wettkampf daraus.
• Beginnen Sie langsam, Stück für Stück.
• Machen Sie genügend Pausen und nutzen Sie anfangs noch keine Sprunghindernisse oder nur etwa 20 cm über dem Boden, also möglichst niedrig.
• Stellen Sie stets Wasser zum Trinken zur Verfügung; bei einer hohen Außentemperatur bitte soviel Wasser (z.B. eine gefüllte Wanne oder einen Hundepool) in Reichweite haben, dass der Hund den Bauch kühlen kann – Malamuten schwimmen selten, vielmehr waten Sie im Wasser und kühlen den Bauch, das genügt ihnen.
• Schatten sollte auch immer genügend vorhanden sein, im Sommer mittags niemals üben, weil die pralle Sonne das Risiko eines Hitzschlages stark erhöht!

Wichtig ist beim Agility, dass Sie mit einem jungen Hund langsam arbeiten, aufgrund des hohen Verletzungsrisikos *(Sprünge sollten Sie vermeiden oder die verstellbaren Hürden*

von Sabrina Kowsky

ganz niedrig einstellen). Bei erwachsenen Tieren können Sie das Tempo soweit erhöhen, wie Sie und Ihr Hund es verkraften – denken Sie immer daran: Es soll einfach Spaß machen, etwas Neues, Aufregendes sein, natürlich ist es auch Training, aber primär Spaß *(das kann beim Malamute nicht oft genug betont werden).*

Möchten Sie mehr über diesen Sport wissen oder andere Geräte, wie z.B. den Tisch, Wippe etc. nutzen, weil es sehr gut klappt, dann empfehle ich Ihnen einen professionellen Ausbilder, mit welchem Sie sich zuvor genau beraten sollten, denn einen Malamute auszubilden benötigt, wie wir bereits wissen, etwas mehr an Geduld und Konsequenz als bei einem anderen Haushund. Oft scheuen sich die meisten Trainer deshalb vor dieser Aufgabe oder sie arbeiten zu hart mit dem Hund, d.h. über Drill. *(Wie Sie eine gute Hundeschule oder einen guten Trainer finden, erfahren Sie im Abschnitt „17. Die richtige Hundeschule/Hundetrainer und was Sie beachten sollten" ab S. 159) Mein Tipp:* Nutzen Sie Futter, um mit Ihrem Hund zu arbeiten, bei Agility z.B. können Sie sich die Hand mit Leberwurst einschmieren und Ihren Hund so über den Parcour führen. Das zuvor die Bindung gefestigt sein muss, dürfte mittlerweile selbstverständlich sein.

13. Begegnungen

Es lässt sich nur selten vermeiden, fremden Menschen oder Hunden zu begegnen. Wenn dies ungewollt ist – Was tun? Kein Hund mag es, wenn ein Fremder direkt auf ihn zugeht, vielleicht auch noch Augenkontakt hält und ihm dann den Kopf tätschelt. Wenn jemand auf mich zukommt, bleiben die Hunde prinzipiell „Fuß" und z.B. beim Training oder wenn ich nicht möchte, dass die Hunde ständig abgelenkt werden, dann sage ich einfach, dass ich dies nicht möchte. Mitunter auch rigoros, bzw. sehr bestimmt, da es Leute gibt, die das nicht interessiert und, vor allem bei einem Welpen, trotzdem auf den Hund zugehen. In so einer Situation stellen Sie sich immer vor Ihren Hund und schicken die Person weg, denn Sie sind der Chef und haben Ihren Hund zu verteidigen, was Ihr Ansehen steigert und Ihr Hund weiß somit auch, er kann Ihnen vertrauen. Die Meisten beugen sich auch von oben über den Hund, was eine eindeutige Bedrohung für diesen ist. Erklären Sie, wenn andere sich dem Hund nähern dürfen, dass es besser ist, in die Hocke zu gehen.

13.1. Fremde Menschen

Die Frage ist: Wie reagiert Ihr Hund auf fremde Leute? *Als Beispiel:* Akhiro ist immer überglücklich wenn er neue Leute kennen lernt und würde am liebsten jeden erst einmal freudig begrüßen. Doch gibt es auch Leute, die davon nicht sehr begeistert sind, sei es wegen seiner Größe, seinem „wolfsähnlichen" Aussehen (das stimmt zwar nicht, denken aber viele) oder einfach, weil sie Angst haben vor Hunden. Hier musste er lernen, dass er nicht einfach auf jeden losstürmen darf. Wenn der Hund also jemanden sieht und sofort hin möchte, unterbinden Sie dies, indem Sie ihm unter Befehl stellen („Fuß" zum Beispiel oder auch „Sitz", je nachdem) und Sie ihn erst zur Begrüßung losschicken, wenn die Person damit einverstanden ist. Oder Sie gehen mit ihm hin, machen ihn los (oder lassen ihn an der Leine, je nachdem wo Sie sind) und erst auf Befehl darf er begrüßen.

Hier ist Übung sehr wichtig, am besten mit einem Bekannten oder Freund, den der Hund noch nicht kennt – üben Sie, den Hund unter Befehl zu stellen, auch wenn Ihr Bekannter vorne steht und wartet.

Bandit ist das genaue Gegenteil. Er mag es nicht, wenn jemand auf ihn zu geht, er nähert sich lieber langsam und vorsichtig von selbst und beschnüffelt erst einmal, bevor er sich anfassen lässt. An der Leine kann Ihr Hund natürlich nicht aus und wenn sich ihm dann jemand nähert, ohne dass Sie ihn wegschicken, Ihr Hund aber zugleich nicht wegkann, passiert es unter Umständen, dass er zuschnappt. Und nein, er ist dann nicht aggressiv, er hat sich verteidigt, weil er in die Enge gedrängt wurde. Das ist völlig normal, zudem haben Sie ihn nicht verteidigt, bzw. geholfen, wie das als Chef eigentlich Ihre Aufgabe wäre und der Hund musste dies selber tun. Wenn Ihr Hund also rückwärts geht und nicht aus kann, weil er z.B. an der Leine hängt, dann treten Sie vor ihn und sagen der Person, dass es dem Hund unangenehm ist und Sie weitergehen sollen. Verteidigen Sie Ihren Hund und er lernt, dass er Ihnen vertrauen und sich auf seinen Chef verlassen kann und überhaupt, dass Sie der Chef sind. Wenn der Hund z.B. im Garten ist und fremde Leute sind da, dann sagen Sie ihnen, sie sollen den Hund einfach ignorieren und ihn in Ruhe schnüffeln lassen. Wenn Kinder Ihrem Hund nachjagen, unterbinden Sie das sofort und gönnen dem Hund oder Welpen erst einmal eine Pause. Macht der Hund eine Spielaufforderung und läuft freudig mit, ist es in Ordnung.

von Sabrina Kowsky

13.2. Fremde Hunde

Das ist immer ein verzwicktes Thema, denn man weiß nie, wie der andere Hund reagiert, bzw. ob er auch so ist, wie der Besitzer sagt. Oft hört man diesen Spruch: „Der tut nichts, der ist ganz brav und will nur spielen". Nun, als Besitzerin von zwei Malamute-Rüden, vor allem, da beide ja im Herbst/Winter Zugarbeit leisten müssen, haben meine nur Kontakt zu einigen bekannten Hündinnen und mehr nicht. Ich schrieb bereits, dass Malamute-Rüden (auch die Hündinnen!) sehr dominant sind und deshalb erst einmal die Rangfolge klären, wenn sie auf einen anderen Rüden treffen, d.h. eigentlich erklären sie dem Anderen, dass sie der Chef sind. Nicht selten kann dies in einer Keilerei enden, deshalb sollten Sie mit einem Rüden derartige Begegnungen vermeiden, bzw. mit einer Hündin anderen Hündinnen aus dem Weg gehen, d.h. Sie müssen nicht jeden gleichgeschlechtlichen Hund meiden, sondern sehen, wie Ihr Malamute auf den z.B. Schäferhund reagiert und umgekehrt. Sind Sie unsicher oder sehen Sie Aggressionsverhalten etc., dann brechen Sie ab, klappt hingegen alles gut, lassen Sie die Hunde zusammen toben.

Welpen bilden da die Ausnahme, doch Vorsicht: Das kann auch Probleme mit sich bringen, wenn den Kleinen ein erwachsener Malamute gegenüber steht, der eine nicht unbeachtliche Größe hat– da es ja keinen Welpenschutz gibt, wird sich der Kleine entweder in unterwürfiges Verhalten retten oder versuchen, sich hinter Ihnen zu verstecken bzw. wegzulaufen. Wichtig ist hierbei, dass Sie Ihrem Welpen „Haus" geben, gehen Sie in die Hocke, nehmen den Kleinen vor sich und halten ihn – der andere, adulte Hund sollte einfach ruhig stehen oder sitzen bleiben – wenn Ihr kleiner Malamute nach vorne möchte, um den Erwachsenen zu beschnuppern, dann lassen Sie ihn, aber führen ihn mit Ihrer Hand nach vorne, d.h. die Hand bleibt vorne am Brustkorb und führt den Hund, sollte der Welpe erneut Angst/Unruhe zeigen, dann holen Sie ihn wieder WORTLOS zurück zu sich, evtl. blocken Sie mit der anderen, freien Hand den erwachsenen Hund wortlos ab (Sie schieben Ihn zurück) und das Ganze beginnt von vorne, solange, bis Ihr Welpe gelernt hat, dass ihm nichts passiert und er den anderen Hund „annimmt". „Haus geben" fördert die Bindung und der Hund lernt, dass er von Ihnen Sicherheit bekommt, wenn er diese benötigt.

Tun Sie dies nicht und der Hund muss sich einer solchen Situation alleine stellen, noch dazu an der Leine, wo er nicht weglaufen kann, sondern begrenzt wird, kann es zu späteren Folgeschäden kommen, z.B. dass der Welpe später bei Angst nicht mehr wegläuft, sondern direkt nach vorne geht und schnappt, bellt, knurrt etc., weil er ohne Sicherheit vom Besitzer, die beängstigende Situation selber bewältigen muss. Da er nun aber Panik hat, ist ihm eine saubere Lösung nicht möglich, somit zeigt er Aggression um klarzumachen: Bleibt von mir weg – ich habe Angst. Allgemein nennt man so einen Hund (also einen, der bereits starke Aggression zeigt): „Angstbeisser" – aber, damit es soweit kommt, spielen viele andere Dinge, wie Führung, Charakter des Hundes, Stärke der beängstigenden Situation und Verknüpfung etc. eine Rolle.

Dasselbe Prinzip der Führungslosigkeit und dadurch bedingtem Fehlverhalten des Hundes finden Sie auch unter *„17. Die richtige Hundeschule/Hundetrainer und was Sie beachten müssen" ab S. 159* und „Haus geben" finden Sie ebenso im Abschnitt *„15.6. Hund reagiert aggressiv auf jüngere Hunde" ab S. 150.*

Sind Sie unterwegs mit Ihrem Hund haben Sie immer eine zweite Futtertasche dabei, allerdings anstatt mit Leckerlis, gefüllt mit Sand oder feinem Kies.

Kommt auf mich eine andere Person mit erwachsenem Hund zu, bitte ich sie, Ihren Hund anzuleinen, wenn er frei läuft oder den Hund auf der anderen Seite zu führen, so dass die fremden Hunde nicht aneinander vorbeigehen, sondern immer die Besitzer dazwischen sind.

Kommt der Hund nun trotzdem oder auch, wenn er allein ist, auf mich zu, dann gilt: **Sie verteidigen Ihren Hund! Immer!** Ich lasse meine absitzen und sage nur: „Bleib", dann gehe ich vor meine Hunde und brülle, ja, brülle den anderen Hund an, er solle verschwinden. Möglichst laut, böse und dunkel. Läuft er trotzdem weiter, dann bewerfe ich ihn mit Kies und brülle weiter. Im Normalfall drehen so ziemlich alle Hunde spätestens dann ab, bzw. bleiben stehen und hüpfen bellend hin und her. Dann kann ich getrost warten bis der Besitzer (dem ich auch gleich erkläre, dass er seinen Hund das nächste Mal an der Leine lassen soll) irgendwann mal kommt und weiter gehen.

Bei einem Welpen der auf Sie zukommt, sollten Sie das nicht tun, weil er es nicht versteht und es ihn auch furchtbar ängstigt und er Ihre Handlung falsch verknüpfen kann, z.B. mit: ‚Sand trifft mich – Erschrocken – Angst – Großer Hund' oder ‚Frau mit Hut, Stock etc. – Schlecht'. Einen Welpen lassen Sie herkommen, aber streicheln und knuddeln Sie ihn nicht, geben Sie ihm auch keine Leckerlis, sondern nehmen ihn am Halsband oder an eine zweite Leine, wenn Sie eine dabei haben, ruhig und wortlos und bringen ihn zum Besitzer zurück, denn wenn Sie ihn loben oder mit ihm spielen, fühlt sich Ihr Hund vernachlässigt und es ist zudem ein Vertrauensbruch, weil Sie ihn zurücklassen und einem fremden Hund Aufmerksamkeit schenken (natürlich nur, wenn Ihr Hund auch sitzen bleibt, wahlweise binden Sie ihn fest). Dann gehen Sie einfach wieder, holen Ihren Hund und weiter geht es. Der wird dann natürlich dafür gelobt und belohnt, dass er brav gewartet hat.

Aber was tun, wenn der andere Hund trotz aller Versuche näher kommt?

Das ist weiter nicht schlimm – solange der Hund keine Anzeichen von Aggression zeigt. Und selbst wenn er dies tut, in solchen Situationen gibt es viele Möglichkeiten, doch die sollten Sie mit einem Hundetrainer Ihres Vertrauens besprechen und eventuell trainieren, da es hier wichtig ist, den individuellen Hund und die Reaktionen, die er zeigt, zu sehen. – Diese hier alle aufzuführen, würde den Rahmen des Buches sprengen. *Weitere Erläuterungen zum Thema Aggression können Sie im 14. Kapitel ab S. 131 nachlesen.*

Kommt Besuch in die Wohnung, schicken Sie Ihren Hund auf seinen Platz und lassen Sie die Besucher erst einmal Platz nehmen, dabei sollten Sie den Hund aber ignorieren – dies muss natürlich zunächst geübt werden. Lassen Sie dazu die Wohnungstür offen, bitten einen Bekannten, dass er klingelt und dann eintritt, während Sie zunächst neben Ihrem Hund bleiben und sich nur auf ihn konzentrieren, bleibt er liegen, loben Sie ihn; will er aufstehen, sagen Sie „Nein" und korrigieren sein Verhalten. Erhöhen Sie langsam die Distanz, mit der Sie sich vom Hundeplatz entfernen. Dann können Sie Ihren Befehl aufheben und dem Hund erlauben, zu der Person zu kommen und sie erst einmal in Ruhe kennen zu lernen. Schicken Sie ihn wieder auf seinen Platz, wenn es zuviel wird, er zu aufdringlich oder Sie merken, dass er unsicher ist. Hat die Person Angst vor Hunden, lassen Sie ihn auf seinem Platz. Belohnen Sie ihn zwischendurch, wenn er brav liegengeblieben ist. Dauert der Besuch länger, ist es normal, dass der Hund sich die Beine vertreten will oder sich auch auf kühlere Fliesen legen möchte. Dann lassen Sie ihn das tun. Kommt er jedoch zu der Person, schicken Sie ihn weg. Wir sagen dann: „Nein! Ab!". *Wie immer gilt:* Bleiben Sie ruhig und sagen Sie dies auch Ihrem Besucher, denn je nervöser dieser ist, desto interessanter wird er für den Hund und der kann nichts dafür, wenn er ihn neugierig beschnuppern will. Ihn dafür zu bestrafen, wäre fatal.

Zu speziellen Situationen, insbesondere Begegnungen zwischen Hunden & Kindern oder auch zwischen älteren Hunden & Welpen sowie Malamuten & anderen Haustieren , lesen Sie bitte weiter im Kapitel „15. Verhaltensprobleme und deren konkrete Lösungen" ab S. 143.

14. Den Hund als Tier verstehen - Verhaltensweisen

Bevor im nächsten Kapitel problematische bzw. unerwünschte Verhaltensweisen und deren konkrete Lösungsvorschläge aufgezeigt werden, möchte ich hier die theoretischen Grundlagen beschreiben, die zum Verständnis Ihres Alaskan Malamuten und seinen tierischen Verhaltensweisen hilfreich sind.

14.1. Aggressionsformen und was ist Aggression überhaupt?

Das Wort „aggressiv" wird heutzutage fälschlicherweise mit „angriffslustig" oder als Synonym für einen „bissigen, bösen Hund" genutzt, dies ist jedoch völlig falsch. Aggression ist ein sehr komplexes Thema, dennoch möchte ich es hier ansprechen.

Aggression im eigentlichen Sinne, ist bei einem Tier schlicht die Kraft, im weitesten Sinne z.B. die Muskelkraft, mit der etwas getan oder mit der auf einen Körper eingewirkt wird.

Aggressives Verhalten wiederum (später kommen wir zu den verschiedenen Formen dieses Verhaltens) wird gegenüber anderen Menschen/Hunden/Tieren etc. oder gegenüber Reizen gezeigt, wenn diese dem Verhalten (dem „Wollen") des Hundes im Wege stehen.

Da jeder Hund ein Individuum ist, hat auch jeder ein bestimmtes Maß an Aggressionspotential und verschiedene Arten dies zu zeigen. Beispielsweise wird aggressives Verhalten nicht nur durch Knurren dargestellt (manche Hunde knurren auch im Spiel, das sog. Spielknurren).

von Sabrina Kowsky

Es gibt zwei Formen der Aggression, die ich hier kurz erläutern möchte:

14.1.1. Verdeckte Aggression

Wenn der Hund einen Reiz empfängt, dann folgt er diesem mit dem ihm zur Verfügung stehendem Aggressionspotential. Löst z.B. ein davonlaufender Hase diesen Reiz aus, verfolgt der Hund ihn mit dem nötigen Aggressionspotential für diese Handlung (in der Fachsprache auch Trieb genannt), also für die Jagd. Das Erfüllen dieses Triebes – in unserem Beispiel wäre dies das Erwischen der Beute – ist für den Hund positiv und löscht den Triebreiz, den er empfangen hat. Der Triebreiz kann aber jederzeit wieder neu erstarken, wenn das Tier einen neuen Reiz erhält, z.B. ein zweiter Hase.

Nehmen wir das Beispiel Spaziergang: Der Hund zieht anfangs stark an der Leine, beruhigt sich aber nach einiger Zeit und geht brav.

Zu Beginn steht der Hund im Trieb, weshalb er stark zieht. Empfangene Reize sind hierbei z.B. Gerüche, andere Hunde, aber auch alle Arten von Außenreizen, denen das Tier draussen begegnet (wie Autos, Menschen etc.). Je nach Erziehung löscht nun Ihr Befehl „Fuß" den Triebreiz (in diesem Fall positiv, weil der Hund den Befehl zuvor positiv gelernt hat) oder der Trieb löscht sich von selber, wenn der Hund damit übersättigt ist, also wenn das Maß an Außenreizen, welchen er ausgesetzt ist, überhand nimmt – das wäre negativ für ihn und zugleich Stress. Durch die überwältigenden Reize kann der Hund also einfach nicht mehr aufnehmen und der Trieb erlischt langsam, das wäre dann der Fall wenn er nach einiger Zeit beruhigt an der Leine geht. Man sagt: Der Hund ist aus dem Trieb.

14.1.2. Offene Aggression

Bei offener Aggression spricht man im eigentlichen Sinne von einem „aggressiven Hund". Bei der verdeckten Aggression geht es nur um das Aggressionspotential, welches der Hund in sich trägt – mit diesem „arbeitet" der Hund. Bei der offenen Aggression geht es darum, dass der Hund seine eigenen Interessen wahren muss, z.B. das Verteidigen von Futter, und dazu muss er nicht nur sein eigenes Aggressionspotential beachten, sondern auch das einer zweiten Person/eines zweiten Hundes etc., welcher ihm, wie in unserem Beispiel, das Futter nehmen will.

Aggression wird psychisch ausgetragen, z.B. über Mobben der Hunde oder offen, wenn es z.B. zu Kämpfen (die Formen finden Sie weiter unten) kommt. Oft beginnt eine Aggressionshandlung mit einer psychischen Austragung und geht plötzlich über in eine körperliche. Eine offene Aggression ist meistens zielgerichtet, das heißt, der Hund steht fest auf den Pfoten, ist völlig gelassen und fixiert ein bestimmtes Ziel, z.B. eben den einen Hund, der ihm sein Futter wegnehmen will.

Das Gegenstück hierzu ist ein Hund, der wild um sich blickt, hin- und herhüpft oder zumindest aktiv in Bewegung ist, bzw. auch ein Hund, der zitternd auf den Pfoten steht. *Als Beispiel:* Ein ängstlicher Hund, der in die Ecke gedrängt wird. – Er zeigt zwar aggressives Verhalten (z.B. Knurren, Fletschen, gesträubte Nackenhaare etc.), hat aber kein Ziel, auf das er es übertragen kann, solange man ihn nicht weiter bedrängt. Würde man den Hund nun bedrängen, z.B. eine Person, die auf ihn zugeht, dann hätte er ein Ziel und das wäre wieder eine Form der offenen Aggression.

Zwischen diesen Aggressionsformen gibt es noch einige Stufen, die ich jedoch, aufgrund des besseren Verständnisses, nicht eingefügt habe.

14.1.2.1. Die verschiedenen Arten der offenen Aggression

1. Dominant-motivierte Aggression:

Jegliche Form (wir wissen ja, dass das Wort „Aggression" auch „leichte" Formen betrifft, je nach individueller Art des Hundes) von Aggression, die ausgelöst wird durch Verhalten, welches von Dominanz geprägt ist.

Beispiel: Kommentkampf bei zwei Rüden, nachdem das Imponiergehabe (so nennt man das Verhalten z.B. eines Rüden, der sich gegenüber einem anderen aufbaut, um groß und dominant zu wirken) von Rüde A ignoriert wurde, bzw. Rüde B direkt in Aggressionsverhalten, z.B. Knurren, Fletschen etc. übergegangen ist.

Ebenso, wie z.B. Rangkämpfe innerhalb eines Rudels.

2. Sozial-motivierte Aggression:

So bezeichnet werden Aggressionsformen, die Teil der innerartlichen (also innerhalb einer Art, z.B. nur unter hundeartigen) Kommunikation sind, so die Zurechtweisung der Welpen per Schnauzengriff oder Nackenschütteln (was ohnehin nur in einer frühen Lebensphase vorkommt) durch die Mutter, beim Schnauzengriff auch im späteren Alter durch andere Hunde.

Das „Spiel" der Welpen fällt auch unter sozial motivierte Aggression, sofern es die eigenen Geschwister sind, bei fremden Welpen ist teilweise, vor allem wenn man z.B. einen 14 Wochen alten Welpen zu einem 8 Wochen alten Welpen dazulässt, dominant motivierte Aggression zu beobachten

("Mobbing" des jüngeren Welpen – oft auch in einer Gruppe von Hunden zu beobachten, wobei „Mobbing" auch sozial motivierte Hintergründe haben kann).

3. Futter-motivierte Aggression:

U.a. auch ein Teil der Ressourcenaggression, da Futter die wichtigste Ressource des Hundes ist... z.B. das Wegknurren/Schnappen oder in weiterer Steigerung auch Wegbeißen eines anderen Hundes vom eigenen Futternapf. Auch zu sehen bei Hunden, wenn sie z.B. einen Knochen haben und fremde Leute zu dem Hund hingehen – je nach Hund endet dies mit einem Knurren/Schnappen etc. nach der fremden Person.

4. Territorial-motivierte Aggression:

Bei Hunden, die reviergebunden agieren, also ein Revier als IHRES annehmen, z.B. Wachhunde per Training oder Zuchtauslese. Darunter fällt, unter anderem, das Verbellen eines Fremden vor oder auch im Grundstück, bis hin zum direkten Angriff, wenn Unbefugte das Grundstück betreten.

Ebenso auch das Bedrohen oder Vertreiben eines fremden Hundes aus dem eigenen Revier - hierbei kann es jedoch auch Überschneidungen mit/oder ein rascher Wechsel zur dominant-motivierten Aggression geben.

5. Angst-motivierte Aggression:

Am besten zu beobachten bei einem ängstlichen Hund, z.B. wenn fremde Leute kommen und der Hund nicht meiden kann *(also der Situation aus dem Weg gehen, weglaufen oder auf Abstand gehen)*, weil er z.B. an der Leine ist und versucht, rückwärts zu gehen. Erfolgt hierauf keinerlei Aktion vom Hundehalter, wird das ängstliche Verhalten des Hundes evtl. sogar noch positiv oder negativ verstärkt.

Kommt es zu einer massiven Bedrängung des Hundes durch die fremden Leute, so dass er sich bedroht fühlt, reagiert er

von Sabrina Kowsky

mit Knurren, Schnappen oder auch einem direkten Angriff ohne Meiden, die sog. Übersprungshandlung *(siehe nächste Seite 137)*. Es gibt noch andere Gründe, wenn z.B. das Tier von der Leine selbst *(Leinenaggression, kann aber auch anders motiviert sein)* oder demjenigen am Ende der Leine bzw. des Halsbandes etc., in der Möglichkeit zu Meiden begrenzt wird. *Als Beispiel:* Der Hund attackiert den Hundehalter. Bestes Beispiel bleibt jedoch der sog. „Angstbeisser". *Siehe auch Abschnitt „14.6. Paniker, ängstlicher Hund & Kontrolleur" ab S. 141.*

6. Schmerz-motivierte Aggression:

Durch Schmerz und das dadurch ausgelöste, extrem hohe Stress- und Adrenalinlevel, ausgelöste Aggression, oft zu sehen, bei Hunden beim Tierarzt *(zusätzlich zur oder nur angstmotivierte Aggression), hier als Beispiel:* der Tierarzt untersucht einen Bruch, plötzlicher Schmerz beim Hund, der Hund dreht sich um und deutet an, schnappt oder beisst.

Je nach Hundecharakter oder auch Respekt vor der Führungsperson – wird nur angedeutet (auch das ist Aggression, bzw. aggressives Verhalten), ein richtiger Biss ist hier vergleichsweise selten. – Gerne auch, wenn der Hundehalter z.B. nachts schlaftrunken im Dunkeln auf den Hund tritt und dieser schnappt.

Natürlich können sich die verschiedenen Formen der Aggression durchaus überschneiden oder auch von einer in die andere übergehen.

14.2. Ist ein dominanter Hund aggressiv?

Oft wird das Wort „dominant" fälschlicherweise für einen Hund mit aggressiver Haltung verwendet, also im Sinne von

„bösartig oder bissig". Ein dominanter Hund jedoch ist ruhig, souverän, sich seiner Stellung und Kraft bewusst, er hat es also nicht nötig, übersteigerte (unübliche, d.h. neben der natürlichen Aggression ist diese Form zu heftig und untypisch) Aggression zu zeigen. Ein solcher Hund wird auch als „wesensfest" = in seinem Wesen gefestigt bezeichnet.

14.3. Triebe und Übersprungshandlungen

Der Trieb ist ein instinktives Verhalten, dass durch einen instinktiven Schlüsselreiz ausgelöst wird, z.B. das Weglaufen von Beute. Dieses Verhalten endet mit einer Triebbestätigung, z.B. dem Töten/Fressen der Beute.

Daneben gibt es auch ein konditioniertes Verhalten, ein Hund zeigt ein solches Verhalten gerne, dieses wird aber nur zu einem konditionierten Verhalten, wenn der Hund positive Erfahrungen macht, bzw. das Verhalten mit etwas Positivem belohnt wird.

Wenn das unabsichtlich passiert, ist dies eine Übersprungshandlung, *zum Beispiel:* Sie haben Ihren Hund auf das Halsband konditioniert, indem Sie dieses immer kurz vor einem Spaziergang angelegt haben und der Hund freudiges Verhalten gezeigt hat. Der Spaziergang wird zur positiven Erfahrung, die der Hund mit dem Anlegen des Halsbandes verbindet und zudem mit seinem freudigen Verhalten – also konditioniert. Wenn Sie dem Hund nun das Halsband anlegen, aber plötzlich ans Telefon müssen, kann es sein, dass der Hund vor Ihnen das konditionierte freudige Verhalten zeigt – ignorieren Sie dieses aber aufgrund des Telefonats, kommt es zur Übersprungshandlung: Der Hund zeigt Verhalten, welches nicht zur Situation passt, dadurch belohnt er sich selbst und baut so den Stress, der sich durch das Nichteinlösen der normalen Konditionierung (in dem Fall: Der Spaziergang) aufgestaut hat, ab. Das kann z.B. das Jagen nach dem eigenen Schwanz sein, plötzliches Reinigen des Fells oder eine Palette an Befehlen, die der Hund gelernt hat, z.B. Sitz, Platz etc.

Wichtig hierbei: Der Hund sucht die Erfüllung in dem Verhalten, welches ihm persönlich lohnenswerter erscheint also z.B. im Jagen, anstatt das angebotene Leckerli (dafür, dass er da bleibt) zu nehmen.

Prinzipiell hört man von Spieltrieb, Wehrtrieb oder Wachtrieb – dies sind jedoch keine „echten" Triebe. Hiervon gibt es nur drei:

1. Ernährungstrieb

Hierunter fallen z.B. das Erlegen von Beute, mit allen Zwischenstufen, wie z.B. Beute aufstöbern, hetzen, fangen, töten, fressen. (Die Worte „Fresstrieb" und „Jagdtrieb" wurden im Buch der Einfachheit halber verwendet, obwohl sie streng genommen keine eigenständigen Triebe sind.)

2. Sexualtrieb

Weitergabe der besten Gene, um das Überleben der eigenen Art zu sichern und zu optimieren.

3. Selbsterhaltungstrieb

Das Bedürfnis, das eigene Leben zu sichern – z.B. wenn der Besitzer angegriffen wird, der Hund ist nun ohne Führung und übernimmt diese daher, beschützt sich aber selber, weil er ohne Führungsperson der Nächste wäre, der angegriffen wird.

14.4. Stufen von Drohung und Eskalation

Viele Leute sagen, wenn ein Hund nach ihnen geschnappt hat bereits: Der Hund hat mich gebissen. Dies kann zu Irrtümern und Problemen führen, deshalb hier die Abstufungen des „Drohens und der Eskalationen" mit Definitionen.

Zunächst die Stufen des Drohens:

Distanzdrohung, d.h. ohne Körperkontakt zum Gegenüber z.B. Fletschen

Distanz wird unterschritten, d.h. ab und an Körperkontakt zum Gegenüber z.B. Abwehrschnappen

Drohung mit Körperkontakt, Hunde sind in Bewegung z.B. stark gehemmtes Beißen (also ohne Verletzungswille)

Deutlicher Körperkontakt, Hunde sind in der Bewegung eingeschränkt z.B. Aufreiten oder Alphawurf

Gehemmte Beschädigung, mit Verletzungswillen, aber ohne Tötungswille z.B. Abwehrbeißen

Ungehemmte Beschädigung (sogenannter „War of Nerves"oder „Ernstkampf") also mit Tötungsabsicht – dies im Normalfall nie vor dem Menschen

Die Stufen der Eskalation lauten wie folgt:

Kein Signal vom Hund, wahlweise aber Angstverhalten oder Meideverhalten

Signale sichtbar oder hörbar, z.B. Bellen, Knurren oder Fletschen (der Hund bleibt stehen oder meidet)

Schnappen, hier möglich mit hörbaren und/oder sichtbaren Signalen (Hund bleibt stehen oder meidet), auch mit Körpersignalen, wie gesträubte Nackenhaare

Schnappen mit oben genannten Signalen (Hund nähert sich dem Gegenüber, bleibt aber auf Distanz)

Beiß- und Angriffsversuche (schnelles Nachvornegehen mit Beißen) ohne Signale

Beiß- oder Angriffsversuche (schnelles Nachvornegehen, mit Beißen) mit hör- und sichtbaren Signalen

Wie oben, der Hund lässt sich oder **beruhigt sich** selber **aber erst nach mindestens 15 Minuten**

14.5. Verschiedene Kampfarten

Hier unterscheidet man drei Arten:
1. Den **Kommentkampf**, also „Raufereien" mit z.B. gehemmtem Schnappen, ins Fell greifen etc. (Verletzungen können trotzdem passieren, sind aber nicht mutwillig) Vom Kommentkampf kann ein fließender Übergang, z.B. wenn beide Hunde gleichstark sind, stattfinden zum
2. **Beschädigungskampf,** also mit z.B. gewollter Verletzung des Gegners, aber ohne Tötungsabsicht

Geschehen diese beiden Arten bei Hunden, die zusammenleben z.B. bei zwei gleichgeschlechtlichen Hunden, dann zumeist, da sich die Hunde vor dem Menschen profilieren wollen, d.h. wenn ein Jüngerer den Älteren im Kampf „dominiert".
3. **Ernstkampf,** *siehe „Ungehemmte Beschädigung" auf S. 139*

14.6. Paniker, ängstlicher Hund & Kontrolleur

Wenn Sie einen Welpen holen, dann spielen Sie zuvor mit ihm und rollen ihn spielerisch auf dem Rücken herum, halten Sie ihn kurz fest und lassen ihn gleich wieder los – hierbei zeigt sich bei einem gut sozialisiertem Hund folgendes Verhalten: Er wird ruhig liegen bleiben und sich völlig oder möglichst ruhig verhalten, ein Paniker oder ängstlicher Hund (nicht nur aufgrund der Sozialisierung – dies kann auch eine Prägung durch die Mutterhündin, die adulten Hunde, mit denen die Welpen Kontakt hatten oder durch genetische Merkmale möglich sein) wird unruhig reagieren, strampeln, evtl. auch schnappen oder quietschen. So unschön das nun klingen mag, aber Sie sollten sich keinen solchen Welpen holen – ein ängstlicher Hund wird dieses Verhalten bis zu einem gewissen Punkt immer in sich tragen und es kann bei entsprechenden Situationen oder Reizen wieder ausbrechen, zudem erfordert es Erfahrung und möglichst fehlerfreie Erziehung des Hundes, um ihm optimale Sicherheit zu gewährleisten (geschieht dies nicht, kann der Hund zum sogenannten Angstbeisser werden, also ein Hund, der keine Führung und Sicherheit vom Besitzer erhält und deshalb nach vorne geht um alle Reize, die ihm Angst machen durch das Anzeigen von Aggression – anfangs mit Bellen, später auch durch Schnappen – „in die Flucht zu schlagen", somit muss er sich nicht der Situation/dem Reiz stellen, welcher ihn ängstigt). Für Ersthundbesitzer ist dies oft schwierig und aufgrund meiner Erfahrung kann ich einen solchen Hund oder allgemein einen Hund mit negativer Vorgeschichte niemandem empfehlen.

Ein Kontrolleur ist ein ängstlicher Hund, der aufgrund fehlender Führung diese übernommen hat und entsprechendes Kontrollverhalten zeigt, d.h. er läuft dem Besitzer nach, er läuft an der Leine vorne, der Gehorsam ist eingeschränkt bis gar nicht vorhanden etc. Dieses Verhalten gibt es in verschieden starken Abstufungen, *als Beispiel:* Ein Hund, der dem Besitzer auf Schritt und Tritt folgt – wirklich überallhin – zeigt starkes Kontrollverhalten. Ein Hund, der dem Besitzer nur aktiv in einen anderen Raum folgt, zeigt eine abgemilderte Form – trotzdem muss an diesem Verhalten gearbeitet werden, da es für den Hund immer Stress bedeutet.

Wird ein Hund bedroht, gibt es vier Arten, wie der Hund darauf reagiert:
1. Meiden (Heil suchen in der Flucht)
2. Wehren (Angriff nach vorne)
3. Erstarren
4. Zeigen von Übersprungshandlungen

Bei einem Angstbeisser z.B. hat der Hund gelernt, dass Meiden nicht möglich (er ist ja an der Leine) und Wehren effektiver ist, in diesem Fall bedeutet effektiv: Der Hund wird nicht mehr bedroht.

15. Verhaltensprobleme und deren konkrete Lösungen

Zu diesem Thema allein ließe sich ein ganzes Buch füllen, ich möchte hier die wichtigsten Probleme anführen, auch allgemeine, nicht nur auf das Verhalten bezogen. Hier benenne ich die Schwierigkeiten, mit welchen die Hundebesitzer, mit denen ich bislang gearbeitet habe, am meisten zu kämpfen hatten. Natürlich ist es gut, wenn Sie ein Problem, dass Sie sich nicht erklären oder woran Sie nicht arbeiten können, mit einem erfahrenen Hundetrainer besprechen, denn: Je länger eine Verhaltensauffälligkeit ignoriert wird, desto länger dauert und schwieriger wird es, diese zu beheben. – Aber keine Sorge, jeder lernt dazu, selbst ein Musher, der seit 30 Jahren Hunde hält oder ein Hundetrainer mit 25-jähriger Erfahrung, alle haben Fehler gemacht oder machen noch immer Fehler – und jeder lernt ständig dazu.

15.1. Kinder und Hund

Da Kinder für den Hund aufgrund ihrer noch nicht entwickelten Geschlechtsreife, der Körpergröße und -kraft keine Dominanz besitzen, nimmt er ein Kind nicht „ernst", in dem Sinne, wie er einen Erwachsenen ernst nimmt. Ein Kind ist für einen Hund quasi ein menschlicher Welpe oder Junghund. Babys vor allem haben keinen eigenen Körpergeruch und können daher z.B. leicht das Instinktverhalten des Hundes auslösen. *Als Beispiel:* Hund und Baby sind alleine – was NIE, NIEMALS passieren sollte, auch nicht mit älteren Kindern – das Baby hat die Windeln vollgekotet und fängt an zu schreien. Was tut der Hund also? Die wahrscheinlichste Antwort hierauf – je nach Situation und Hundetyp kann es noch andere Möglichkeiten geben: Zuerst wird er unruhig, weil er sich von seiner Führungsperson (= Besitzer) Mitteilung erhofft, was er zu tun hat, geschieht dies nicht, wird der Hund irgendwann selber die Führung über die Situation übernehmen. Er kann nun aber nicht selbstständig nachdenken, was mit einem Baby zu tun ist, weil er mit dieser Situation überfordert ist und er hat keinen Erfahrungsschatz, auf den er zurückgreifen könnte – somit tut er das Einzige, was er mit Geschrei und dem Geruch von Kot verbindet: Er versucht, wie beim Welpen, den Kot zu entfernen, also das Baby zu säubern. Dies ist ein natürliches Verhalten, welches zum Beispiel auch die Mutterhündin bei ihren Welpen zeigt. Aufgrund der Tatsache, dass ein Hund sich erst durch die Windel arbeiten muss, also dran ziehen, knabbern etc., verstärkt sich das Geschrei des Babys. Der Hund wird noch nervöser und wird irgendwann in die nächste Form des Instinktverhaltens fallen: Er weist zurecht, so wie er einen Welpen zurechtweisen würde, wenn ich dies in Worte ausformulieren müsste, würde es etwa wie folgt lauten: „Hör auf zu Schreien, ich kümmere mich schon darum, alles in Ordnung". Ein Baby versteht dies natürlich nicht und da die Haut eines Babys oder auch allgemein die eines Menschen sehr viel empfindlicher und dünner ist, als die eines Hundes mit Fell, entstehen Verletzungen und das Baby schreit weiter, der Hund – ohne Führung – weist weiter zurecht und so weiter. Sie können sich vorstellen, dass dies für das Baby schwere Verletzungen zur Folge haben kann.

Viele Kinder erkennen nicht, dass ein Hund schlicht ein Raubtier ist, für viele ist der Hund ein Freund, zum Spielen und Schmusen. Machen Sie Ihrem Kind bitte klar, wenn ein Verhalten, wie z.B. Ohren ziehen, am Schwanz ziehen, Zwicken etc. unangebracht ist und, wenn möglich, erklären Sie auch, warum das so ist. Wenn der Hund seine Ruhe verlangt, gönnen Sie ihm dieses Recht, auch wenn Ihr Kind noch weiter mit dem Hund/Welpen spielen möchte oder beenden Sie das Spiel selbstständig, wenn Sie merken, dass es für den Hund oder das Kind zuviel wird. Lassen Sie das Kind auch mal dem Hund Leckerlis geben. Am besten stellen oder knien Sie sich hierzu hinter das Kind und nehmen seine Hand in die Ihre; Kinder zucken oft zurück, wenn der Hund für ihre Augen zu schnell reagiert und viele Hunde schnappen dann nach dem Leckerli in der Hand. Beim Wegziehen (ein natürlicher Reflex des Mensches) kommt es hierbei oft zu kleinen Verletzungen, auch wenn das Schnappen im Normalfall keine Verletzungen verursacht, weil dies keine Methode des Hundes ist, um Verletzungen zuzufügen.

Achten Sie also darauf, dass Kinder (bis zu einem Alter von etwa 16 Jahren) nicht mit dem Hund alleine sind, ihn nicht alleine spazieren führen und auch nicht die Leine halten, wenn Sie nicht dabei sind – ein Ruck und Ihr Kind fällt hin oder schlimmer: wird mitgezogen. – Und seien Sie fair: Bestrafen Sie denjenigen, der sich falsch verhalten hat, ob nun Hund oder Kind. Achten Sie auch darauf, wenn Sie den Hund z.B. von der Couch wegschicken, weil er auf das Wurstbrot des Kindes stiert und Ihr Kind gibt dem Hund ein Stück, das Sie nicht den Hund bestrafen – natürlich nimmt er das angebotene Futter, er wäre doch dumm, wenn er es nicht tun würde! Erklären Sie Ihrem Kind, warum das nicht in Ordnung war.

Achten Sie auch darauf, wenn Kind und Hund miteinander spielen, dass ein weglaufendes Kind meistens den Schlüsselreiz „Beute" auslöst. Der Hund jagt also nach und manchmal passiert es, dass er hochspringt oder auch mal zwickt. Weglaufen löst den sog. Schlüsselreiz (ein Reiz, der ein instinktives Verhalten auslöst) aus, in dem Fall: Hase/Kind läuft weg, Hund erkennt das als potentielle Beute und rennt nach – beim Kind wird jedoch kein weiterer Schlüsselreiz ausgelöst, wodurch es nicht zu schweren Bissverletzungen oder zur Tötung kommt, der Hund kann durchaus unterscheiden, was Beute ist und was nicht, jedoch läuft er im ersten Moment nach, weil der Schlüsselreiz „aktiviert" wurde, er führt das komplette Jagdschema (Aufstöbern oder Suchen, mit allen Zwischensequenzen, die dazu gehören, z.B. Hetzen, Schlagen, Töten) jedoch nicht aus.

Also: Seien Sie immer der Vermittler zwischen Hund und Kind.

15.2. Leinenaggression

Unter Leinenaggression versteht man z.B. das Beißen in die Leine, daran ziehen oder darauf herumkauen. Da der Hund die Leine, welche ja an sich ein aversives Mittel ist (evtl. auch Starkzwang, je nach Anwendung), das den Hund in seinem gewollten Tun = frei herumlaufen, einschränkt, eigentlich als „Verlängerung Ihres Armes" verknüpfen soll, ist es quasi so, als würde er in Ihren Arm beißen.

Dieses Verhalten muss sofort abgestellt werden, da der Hund damit auch an Ihrer Führung zweifelt. Sie führen ihn mit der Leine und wenn er davon durch aggressives Verhalten loskommen möchte, indem er reinbeißt, versucht er sich also Ihrer Führung zu entledigen.

Für gewöhnlich reicht es, wenn man, sobald der Hund in die Leine beisst, an dieser ruckt (nicht zu fest, er soll die Zähne ja behalten, sondern nur so, dass der Hund loslässt, wie „fest" das sein muss, hängt vom Hund ab) und dazu den Befehl, z.B. „Nein", sagt.

Bei Welpen oder Junghunden passiert dies oft, wenn ihnen auf einem Spaziergang langweilig wird, weil der Hundebesitzer vielleicht mit einem Freund spricht, da der junge Hund die Leine noch nicht als Verlängerung Ihres Armes verknüpfen konnte – hierbei dürfen Sie das Verhalten des

Hundes nicht belohnen, indem Sie sofort weitergehen und den Hund beschäftigen, sondern Sie verfahren wie oben beschrieben, allerdings entsprechend sanfter (lässt der Hund die Leine nicht los und reißt daran, greifen Sie von oben über seine Schnauze und drücken die Lefzen sehr sanft gegen die Zähne, bis der Hund loslässt – WICHTIG: SANFT!) und gehen erst los, wenn der Hund das Verhalten eingestellt hat.

15.3. Raum verlassen, Befehl gilt nicht mehr

Viele Hundebesitzer fragen mich, warum der Hund, wenn Sie z.B. ein Leberwurstbrot auf dem Tisch liegen lassen, dieses stiehlt, sobald Sie den Raum verlassen haben, obwohl er, wenn der Besitzer anwesend ist, das Brot nicht anrühren würde.

Die Erklärung ist relativ simpel: Ihr Befehl gilt nicht mehr, wenn Sie den Raum verlassen haben, der Hund tut also, wenn er das Brot klaut und frisst, nichts Verbotenes, da Sie nicht mehr aktiv da sind, um den Hund zu führen.

Um hierbei mit dem Hund zu trainieren, haben Sie das Problem, dass Sie das quasi ohne anwesend zu sein tun müssten (manche Leute probieren dies, indem Sie durch das Fenster gucken und gegen die Scheibe klopfen, wenn der Hund Unsinn macht) und es nicht funktionieren wird, wenn der Hund mehr Erfolgserlebnisse hat, als negative Erlebnisse (negativ ist in dem Fall, wenn er das Brot nicht klaut, weil Sie ihn abhalten konnten).

15.4. An der Leine gehen klappt nicht

Dafür kann es verschiedene Ursachen geben:

Beim Welpen/Junghund:

1. Er kennt den Befehl „Fuß" noch nicht, hier lernt man dem Hund das Fußgehen erst, in kleinen Intervallen (der Hund hat nur eine begrenzte Aufnahmefähigkeit), z.B. 10 Schritte Fuß gehen lassen (mit Leberwursthand als Hilfe oder Leckerlis), dann per Abbruchbefehl, z.B. „Ab" den Hund wieder frei schnüffeln lassen usw. usw. – *Wichtig:* Der Hund benötigt ca. 200-300 Wiederholungen des Befehls zusammen mit der perfekten Verknüpfung von Befehl und Handlung, bis er den Befehl zu 100% verstanden hat.

2. Der Außenreiz ist zu groß; hier den Reiz reduzieren und bei geringerem Reiz arbeiten, sobald es funktioniert, den Außenreiz langsam steigern.

3. Der Spaziergang ist einfach zu langweilig, hier ist es so, dass der Hund genügend Zeit hat, Unsinn zu machen, während man Schritt für Schritt dahingeht – für einen jungen oder auch leistungsbereiten Hund ist das zutiefst langweilig. Man kann also in den Spaziergang alles einbauen, was ihn interessanter macht: Zickzack gehen, über Baumstämme laufen, aktive (langsame Bewegung) und passive (keine Bewegung) Pausen einlegen, dem Hund wenig, er ist ja noch jung, Tempo vorgeben, also kurze Sprints, dann wieder langsam gehen usw.

Beim erwachsenen Hund gilt im Prinzip dasselbe, mit der Ausnahme, dass er diesen Befehl schon kennen sollte und es hier auch sein kann, dass der Befehl einfach noch nicht stark genug ist, um „über" dem Reiz zu stehen, also z.B. ein „Nein" nicht stark genug ist, um den Hund vom Jagen abzuhalten – hier sollte man zum einen vorrausschauend Spazieren gehen, d.h. neben dem Blick auf den Hund auch immer auf die Umgebung achten, auf Fußgänger, Rehe, Hasen, Vögel etc. – zum anderen sollte der Hund, wenn er stark im Trieb steht und nicht abrufbar ist, entweder entsprechend trainiert werden *(siehe Abschnitt 15.7. auf S. 152)* oder einfach an der Leine bleiben – die wenigsten Malamuten oder allgemein Nordischen sind Freigänger, aufgrund ihrer starken Jagdpassion.

15.5. Anspringen

Auch dies ist ein häufiges Problem. Im Normalfall hat es den schlichten Grund, dass der Hund hochkommt, um das Gesicht zu lecken, als Zeichen von „Beschwichtigung" – bei einem anderen Hund würde er die Lefzen lecken, beim Menschen muss er erst hochspringen, um an die Mundwinkel zu kommen.

Wenn man das bereits beim Welpen/Junghund unterbindet (natürlich konsequent und auch anderen Leuten sagen, das dieses Verhalten vom Hund nicht erwünscht ist, da viele den Hund extra hoch holen), ist es im Alter kein Problem mehr – man kann es aber auch dem adulten Hund lernen, natürlich!

Was ist zu tun?
Auch hier gibt es verschiedene Möglichkeiten:

• Auf keinen Fall sollten Sie dem Hund auf die Pfoten steigen oder das Knie anheben – Verletzungsgefahr!

• Die einfachste Methode ist: Wenn der Hund kommt und hochspringen will, gehen Sie einen Schritt auf ihn zu, fangen ihn sozusagen in der Sprungbewegung ab und schieben ihn zurück – je nach Hund, beim Junghund sanfter, beim adulten Hund entsprechend „gröber" – zusammen mit dem Befehl

„Nein". Diese Methode hat sich bei mir, bzw. auch bei den Hunden in meiner Hundeschule bewährt, erfordert aber Konzentration und Kraft.

- Wahlweise können Sie auch, BEVOR der Hund springt, auf ihn zugehen und gleich „Nein" sagen

- Reagiert der Hund darauf nicht, dann müssen Sie entsprechend energischer im Auftreten und „deutlicher" in Ihrer Handlung, in dem Fall das Wegschieben, werden. Nur so deutlich wie es der Hund braucht – der Hund gibt immer vor, wie „stark" Sie mit aversiven Mitteln arbeiten müssen, hört er auf, war es deutlich genug. – Ein Hund, der dies schon einige Male mit Erfolg gemacht hat, braucht natürlich entsprechend länger.

15.6. Hund reagiert aggressiv auf jüngere Hunde

Sobald zwei Hunde aufeinander treffen, regeln sie, neben Dominanz und der Abklärung durch Beschnuppern von Rang innerhalb der Familie, Zugehörigkeit und anderem, auch wer von beiden die Führung übernimmt. In der Hundeschule hatte ich oft Hunde, vor allem Junghunde, die bei solchen Zusammentreffen mit deutlich aggressiver Haltung auf gleichaltrige oder jüngere Hunde reagierten.

Der Grund ist folgender: Ein solcher Hund müsste automatisch, sei es aufgrund des Alters oder z.B. weil der andere Hund ängstlich ist, also vom Typ her prinzipiell nicht führen kann, die Führung übernehmen. Kann er dies aber selber nicht, weil er womöglich ebenfalls ängstlich ist, wird er den anderen Hund auf Abstand halten. Dies ist zwar nicht optimal, zeigt aber, dass der Hund keine „falsche oder schlechte Führung" vorgibt, sondern lieber gar nicht führt und dies eben sehr deutlich klar macht.

In einem solchen Fall sollten Sie die Führung ausbauen und dem Hund Sicherheit vermitteln. Z.B. indem Sie ihm **„Haus geben"**: Sie gehen in die Hocke, nehmen den Hund zwischen die Beine und halten ihn vorne an der Schulter – nur so fest, dass er zwar jederzeit nach vorne kann, wenn er neugierig ist und schnuppern will, sie ihn aber ebenfalls jederzeit zurückholen können, wenn er Angst zeigt *(eingezogener Schwanz, Wimmern, Fiepen etc.)* Auf diese Art können Sie andere Hunde mit einer Hand auf Abstand halten und geben Ihrem Hund durch die andere Hand Führung, weil Sie ihn halten und Sicherheit, weil er von dem anderen Hund nicht bedrängt werden kann. Dies empfehle ich Ihnen bei allen Welpen/Junghunden in Kontakt mit anderen Hunden oder auch Menschen. Wenn Ihr Hund nach vorne möchte, kann er dies tun, sobald er wieder Angst zeigt, holen Sie ihn wortlos zu sich:

- Da der Hund „Haus" nicht kennt, wird er zunächst nicht direkt zu Ihnen zurückkommen, dies muss er erst lernen.
- Wortlos, da der Hund unter Stress steht und hierbei gilt: „Negative oder auch positive Ansprache ist Ansprache" – der Hund erhält Aufmerksamkeit durch Ihre Stimme, ganz gleich, ob Sie etwas Negatives oder Positives *(Mitleid sowieso niemals)* sagen und bezieht diese auf sein ängstliches Verhalten.

Hierbei brauchen Sie viel Geduld und lassen Sie Ihrem Hund die Zeit, die er benötigt. Wenn möglich, können Sie ihn mit einem älteren, wesensfesten *(siehe S. 136 Abschnitt „14.2. Ist ein dominanter Hund aggressiv?")* Hund zusammenbringen, damit Ihr Hund von diesem lernt.

von Sabrina Kowsky

15.7. Im Spiel ist der Hund nicht abrufbar

Das ist normal, zum einen aufgrund der Gruppendynamik, da mehrere Hunde (also mindestens zwei) sowohl positives als auch negatives Verhalten verstärken, sie „stacheln" sich sozusagen an. Zum anderen, weil das Spiel eine hohe Motivation vom Hund verlangt.

Abrufbarkeit kann mit anderen Hunden trainiert werden, am besten auf einem eingezäunten Grundstück. Voraussetzung ist, das der Hund bereits alle Befehle kennt und auch gehorsam ist. – Lassen Sie die Hunde zunächst etwas toben, bevor Sie den Befehl zum Abruf *(siehe S. 84 ff. „Komm" oder „Hier")* nennen – hier aber beide Besitzer. **Kommt keiner der Hunde,** gehen Sie hin und jeder holt sich wortlos seinen Hund. **Kommt nur ein Hund,** nimmt der jeweilige Besitzer seinen Hund, behält ihn bei sich und schickt den anderen Hund weg, sollte dieser den eigenen Hund wieder zum Spiel auffordern wollen.

Haben Sie Ihren Hund bei sich, warten Sie kurz und schicken die Hunde dann wieder los.

Bei Welpen und Junghunden gehen Sie wortlos hin und holen den Kleinen zu sich, führen ihn weg von den anderen Hunden und halten diese zugleich auf Abstand, da Ihr Kleiner, wenn er bei Ihnen ist oder auch an der Leine, keine Zeit zum Spielen hat und die anderen Hunde ihn nur ablenken würden.

Und haben Sie Geduld, es dauert, einen Hund in einer Spielsituation abzurufen, regelmäßiges Training ist natürlich Pflicht.

15.8. Welpe schnappt nach mir beim Spielen

Auch das ist ein normales Verhalten, da ein Welpe noch keine Triebkontrolle hat und er während des Spiels „angeheizt" wird. Man baut den Trieb also auf, während man spielt. Ein adulter Hund wird oder sollte auf den Befehl „Aus" z.B. loslassen und das Spiel beenden, dies, weil er es gelernt hat.

Hier gibt es viele Methoden, wie Sie das einem Welpen beibringen können, aber meiner Erfahrung nach eignet sich für einen Hundebesitzer die folgende Methode am besten:

Wenn der Welpe nach Ihnen schnappt oder auf Ihren Fingern/Händen herumkaut, so dass es Ihnen weh tut *(wenn es für Sie in Ordnung ist, brauchen Sie nicht abbrechen, Sie müssen aber auch keinen Schmerz für Ihren Hund aushalten)*, dann sagen Sie den Abbruchbefehl, z.B. „Aus". Reagiert Ihr Hund nicht darauf, weil er den Befehl noch nicht kennt, dann können Sie auch versuchen ein helles „Au" (dem Fiepen anderer Welpen nachempfunden) zu sagen; reagiert der Hund trotzdem nicht, dann stehen Sie auf und gehen einfach, z.B. in die Küche und holen sich einen Kaffee. – Sie unterbrechen somit das Spiel und zwar in dem Moment, wenn Ihnen wehgetan wird, den Befehl bauen Sie zur Konditionierung mit ein, damit der Hund später auf Befehl aufhört. Lassen Sie den Welpen aber nicht alleine zurück, er darf Ihnen ruhig nachlaufen – nach wenigen Sekunden bis Minuten, je nach Wesen, ist Ihr Hund, aufgrund der kurzen Aufmerksamkeitsspanne, wieder mit etwas anderem beschäftigt und Sie können erneut das Spiel beginnen – manche Hunde fangen selbst dann gleich wieder rabiat an mit dem Spiel. Sollte Ihr Hund so einer sein, dann wird nicht mehr gespielt, bis sich der Kleine wieder beruhigt hat, z.B. nach einem Spaziergang oder seinem nächsten Schlaf.

15.9. Malamute und andere Haustiere

Malamuten kann man auch mit anderen Haustieren vergesellschaften, wir haben diese Erfahrung mit einer Katze gemacht. – Andere Tiere sind möglich, erfordern aber ein perfektes Zusammenspiel von Erziehung und dem richtigen Typ Hund. Trotzdem kann jederzeit der Jagdreiz ausgelöst werden; im Zweifelsfall lassen Sie die Tiere also niemals ohne Aufsicht. Ist **der Hund ein Welpe und die Katze erwachsen** und an Hunde gewöhnt, ist dies kein Problem – Sie sind hier der Vermittler und achten darauf, dass die Katze den Hund zwar in die Schranken weißt und der Hund diese zu akzeptieren lernt, aber ebenso, dass die Katze den jungen Hund nicht bedrängt oder über Maß „verprügelt" – Katzenkrallen können am Auge schlimme Verletzungen hervorrufen! – und auch dass der Katze nicht nachgejagt wird. Beide sollten Sie zunächst immer im Blick behalten und ruhig darauf achten, dass sie sich aneinander gewöhnen können. Später, wenn jeder weiß, wo die Grenzen sind, kann man sie auch bestimmte Zeit alleine lassen. **Sind Sie sich hier unsicher,** dann machen Sie es so, wie viele meiner Welpenbesitzer und trennen einfach beide Tiere bzw. lassen die Katze daheim und nehmen den Hund mit. **Einen erwachsenen Hund und eine junge Katze** bringen Sie auf dieselbe Weise zusammen. Nicht empfehlen kann ich Ihnen dagegen einen **erwachsenen Hund und eine erwachsene Katze,** beides sind Raubtiere und aufgrund des kleineren Körperbaus ist eine Katze eine leichte Beute und in der Wohnung für einen Hund viel einfacher zu erwischen, wenn er es denn möchte. Dies gilt auch für Katzen, die einen Welpen nicht in seine Grenzen weisen. **Denken Sie daran,** dass diese Regeln nur für die eigenen Wohnungskatzen gelten! Freilaufende Katzen können draußen trotzdem jederzeit den Schlüsselreiz zur Jagd auslösen, für fremde Katzen gilt dies sowieso.

16. Starkzwang, Anti-Jagd-Training und Begleithundeprüfung

16.1. Starkzwang

Starkzwang bezeichnet die Steigerung nach „aversiv", also die Arbeit über Schmerzreize, z.B. Stachelhalsband oder Teletakt (in Deutschland verboten). Viele Leute lehnen Starkzwang generell ab. Von einer erfahrenen Person angewandt, z.B. bei Hunden die hoch im Trieb stehen oder sehr kopfhart sind, kann diese Methode jedoch erfolgreich, kurz und äußerst effektiv sein. Wichtig ist, dass der Hund z.B. das Stachelhalsband nicht als Fetisch wahrnimmt und die Befehle absolut sitzen müssen – auf Distanz kann man den Gehorsam bei Hunden, die jagen, so „untermauern".

Leider nutzen viele diese Erziehungsmethoden, für die normale Grunderziehung oder setzen sie ungezielt oder zu intensiv ein, was unter Tierquälerei fällt.

Somit hat auch diese Methode, richtig und beim richtigen Hund angewandt, Vorteile – aber eben auch ein großes Risikopotential, den Hund verhaltensauffällig zu machen.

16.2. Anti-Jagd-Training

Beim Malamute, ist, aufgrund der starken Jagdpassion, wie schon erwähnt, ein Freilauf fast nicht möglich. Es gibt aber eine Methode, die ohne Starkzwang auskommt, dafür aber länger dauert und auch gewisse Nachteile hat, die da wären:

1. Ist der Hund dafür nicht geeignet, hat man unter Umständen viel Zeit mit dem Training „vergeudet".

2. Ist der Hund so veranlagt, dass er sich die Distanz, auf der gearbeitet wird, merkt – und ab einem gewissen Punkt ist man da eingeschränkt – so wird er über diese Entfernung hinausgehen, wenn er jagen will bzw. hat gelernt, nur innerhalb dieser Distanz zu gehorchen und nicht darüber hinaus

3. Falsch eingesetzt, wird der Hund nur noch mit der Schleppleine, die hierfür nötig ist, reagieren – also auf einen Fetisch

Die Methode funktioniert wie folgt: Vorraussetzung hierfür ist, dass der Hund an der kurzen Leine bereits gut im Gehorsam steht *(siehe S. 148 „15.4. An der Leine gehen klappt nicht")*. Sie verlängern die Distanz nun per Schleppleine auf z.B. 5 Meter (wenn Erfolg zu verzeichnen ist, dann stückweise auf 8, 10, 20 Meter etc.) und wenden erneut bei wenig Außenreiz die normalen Befehle, Distanzkontrolle etc. an, wobei Sie den Außenreiz dann steigern – bei jeder neuen Leinenverlängerung beginnen Sie von vorne mit wenig Außenreiz etc.

Um den Hund von Wild abrufbar zu machen – hierauf gibt es jedoch keine Garantie – trainieren Sie in Gegenden, wo Sie auf Wild treffen, bedenken Sie aber, den Hund IMMER an der Leine zu lassen, wenn Sie mit einem Jäger keine Probleme bekommen wollen und da er Ihren Hund schießen könnte (evtl. beim örtlichen Veterinäramt nach den Bedingungen für einen Abschuss erkundigen), weil er jagen geht. Gehen Sie mit dem Hund normal spazieren, aber suchen Sie kein Wild – wenn es passiert, passiert es.

Dann gibt zwei Möglichkeiten: 1. Sie sehen das Wild vor Ihrem Hund und rufen diesen ab – Umlenken in einen Befehl also, ggf. holen Sie den Hund mit der Leine zu sich und wiederholen Ihren Befehl. Dies erfordert dauerhaft vorrausschauendes Spazieren gehen, ist aber ineffektiv bei plötzlichem Auftauchen von Wild.

2. Der Hund sieht das Wild und springt in die Leine; hier ist schnelles Handeln, Konzentration und Kraft erforderlich, – ziehen Sie den Hund mit einem Ruck (!), wenn möglich zu sich und wiederholen Sie dabei den Befehl zum Abrufen. Ist er nun bei Ihnen, bringen Sie ihn darauf, sich auf Sie zu konzentrieren z.B. über den Befehl „Sitz". Haben Sie Geduld, der Hund steht im Trieb und muss erst lernen, dass Ihr Befehl das Signal zum Abbruch ist, verfolgen Sie aber Ihr Interesse mit der, je nach Hund, nötigen Vehemenz.

Ansonsten gilt: Üben, üben, üben. Je öfter, desto besser. Übrigens: Beispielsweise mit eigenen Hasen zu üben, ist verboten, da dies unter Tierquälerei fällt, weil Sie den Hasen unnötigen Stress bereiten.

16.3. Begleithundeprüfung

Die Begleithundeprüfung ist bei den Schäferhundvereinen Pflicht zur Schutzhundeprüfung. Manchmal werden auch für Malamuten oder Nordische Vorbereitungen zur Begleithundeprüfung angeboten – tun Sie dies auf keinen Fall!

Ein Malamute oder Nordischer ist nicht für diese Prüfung geeignet, da er weder einen „Desire to please" *(siehe S. 26 Abschnitt „3.6. Desire to please")* hat, noch mit den nötigen Methoden „bearbeitet" werden kann. Zur Begleithundeprüfung ist aber ein Hund vonnöten, der einen absoluten Gehorsam hat, zum Teil kann dies bei bestimmten Abschnitten der Prüfung nur über starkes Aversiv oder Starkzwang (der hierbei auch oft falsch benutzt wird) erreicht werden. Ein Malamute (im Übrigen sind sogar viele Haushunde nur bedingt für diese Art des Trainings geeignet) wird, wenn man ihn entgegen seines Wesens in diese starke Form des Gehorsams zwingt, und beim Malamuten ist dies nur über Starkzwang möglich, aggressives Verhalten zeigen. *Ich kann Ihnen davon also nur vehement abraten!*

17. Die richtige Hundeschule/ Hundetrainer und was Sie beachten sollten

So einfach es sich anhört und so viele Schulen und Trainer es gibt, so schwierig ist es den/die Richtige/n zu finden. Das Problem ist, dass einfach jeder Hundetrainer werden oder eine Hundeschule eröffnen kann, also auch viele dabei sind, die schlicht keine Ahnung haben, bzw. sich nur auf eine Erziehungsmethode (Positiv oder Aversiv) versteifen. Nicht wenige sind auch der Meinung, dass Nordische nicht erzogen werden können oder hatten noch nie mit diesen Hunden zu tun.

Rufen Sie an und sehen sie sich einmal eine Stunde in der Hundeschule an, zunächst ohne Ihren Hund. Das Gelände sollte eingezäunt sein, ausreichend Wasserschüsseln zur Verfügung stehen und der Trainer sollte Sie zwar zusehen lassen und Ihnen alles erklären können, aber Sie zunächst bitten, zu einer Einzelstunde zu kommen. Bei einer solchen Einzelstunde oder auch bei einem Spaziergang, kann er sich ein Bild von Ihnen und dem Hund machen, in welchen Bereichen noch gearbeitet werden muss, wie die Bindung ist usw. Zugleich kann er Ihnen Fragen stellen, sich mit Ihnen genau unterhalten, woran gearbeitet werden sollte, was Sie möchten, was Ihr Hund schon kann und sich dies gleich zeigen lassen etc.

Mit einem Welpen sollten Sie erst in die Hundeschule gehen, wenn er mindestens eine Woche bei Ihnen ist; ich würde empfehlen, erst nach drei Wochen. Ich möchte nicht unerwähnt lassen, dass meiner Erfahrung nach eine Welpenspielstunde mehr Schaden anrichten kann, als Nutzen. Der Grund: Wenn der Welpe mit den Geschwistern „spielt" *(ein*

Hund spielt ja nicht, sondern übt das Beute- und Jagdverhalten), ergibt sich daraus schon eine erste Sozialisierung mit anderen Hunden. Die Mutter wäre nun diejenige, die eingreifen würde, wenn es zu rabiat zugänge. Zudem sind Geschwister im selben Alter.

Bei einer Hundeschule treffen zumeist verschiedene Rassen und Altersgruppen aufeinander, was an sich nichts Schlechtes ist, aber ich habe festgestellt, dass manche Welpen von den Anderen „gemobbt" werden. – Sie werden drangsaliert oder unterdrückt und dies solange, bis der, meistens kleinere oder jüngere, Welpe gezwungenermaßen schnappt oder „beißt", da unterwürfiges Verhalten oder das typische Welpenquietschen (was soviel bedeutet wie: ‚*Aua, lass das!*') nichts gebracht haben – er geht also zur nächsten Verhaltensstufe über.

Hierbei ergeben sich drei Probleme:

1. Die Welpen haben noch keine Bindung zum Besitzer aufgebaut und sind somit auf dem Hundeplatz auf sich allein gestellt, was der Bindung auch nicht förderlich ist.

2. Die Aufmerksamkeitsspanne der Hunde ist nur begrenzt vorhanden, d.h. die Hunde haben auf einem Platz keine Möglichkeit zur Pause oder individuelle Rückzugsmöglichkeiten, sind also gezwungen, immer weiter zu machen und werden daher oft „grob" im Verhalten.

3. Lernt der Welpe z.B. dass er gleich schnappen kann und dadurch seine Ruhe hat, erlernt er eine sogenannte Übersprungshandlung, er überspringt also das normale Verhalten, welches instinktiv zuerst gezeigt werden würde, in dem Fall: Unterwerfen oder Quietschen und geht direkt zum nächsten Verhalten über. Es kann unter Umständen passieren, dass der Welpe womöglich sein Quietschen gar nicht mehr zeigt, sondern direkt zum Schnappen übergeht, weil er gelernt hat, dass er damit sicher zum Erfolg kommt.

Ich halte bis zum 4. Monat die Welpenstunden privat beim Besitzer ab, so kann die Bindung aufgebaut werden, eine erste theoretische Einführung *(vieles, was in diesem Buch erklärt wird)* stattfinden und ab dem 4. Monat wird der Welpe langsam an ausgewählte andere Hunde herangeführt. –

Warum ausgewählte? Ganz einfach: Ein Welpe lernt von einem anderen Hund 10 Mal schneller, als vom Menschen, d.h. er nimmt sowohl positive, als auch negative Eigenschaften an. Haben Sie also z.B. bereits einen Hund, der Ihnen die Couch anfrisst, dann lernt der Welpe dieses Verhalten durch „abgucken" – und je mehr Erfolgserlebnisse beide Hunde haben, desto schwieriger wird es für Sie, dieses Verhalten abzustellen. Dies gilt auch, wenn Sie Ihren Welpen mit einem fremden adulten Hund zusammenbringen.

Bei zwei oder mehreren Hunden gilt zudem das Prinzip der Gruppendynamik *(siehe S. 152 oben)*.

Der Trainer sollte auch über das Thema Bindung Bescheid wissen, bzw. Ihnen alle Fragen über den Hund, also sein Verhalten, warum er etwas tut oder auch nicht, genau erklären können. Speist er Sie mit einem einfachen: „*Das ist einfach so.*" ab oder druckst herum, erscheint Ihnen unsicher oder gar leicht aggressiv, dann suchen Sie nach einer anderen Schule. *Vergessen Sie nie:* **In der Hundeschule wird der Hundeführer geschult, wie er mit seinem Hund kommunizieren kann, nicht in erster Linie der Hund.** Und dazu gehört, dass Sie jede Handlung verstehen. Sie und Ihr Hund müssen sich dort wohlfühlen.

Hier noch einige wichtige Punkte:

Die Hunde sollten **in Altersklassen unterteilt** sein, also zuerst Welpen, dann Junghunde, dann Erwachsene, dann Erwachsene ab 5 Jahren und, wenn es denn noch welche gibt, die Senioren.

von Sabrina Kowsky

Mit Welpen beginnt man nie mit einem Training der Befehle, wie „Fuß", „Sitz", „Platz" oder „Los", **sondern immer zuerst mit der Festigung der Bindung**, dem Namen des Welpen und wenn Befehle, dann nur spielerisch und über Leckerlis, *siehe u.a. Abschnitt „3.9. Aversiv oder Positiv?" ab S. 30*.

Der Trainer sollte Welpenbesitzern immer erklären können, wie der Hund „funktioniert", d.h. auf etwas reagieren müsste, warum er etwas macht und wie Sie das nutzen können, bzw. bestimmtes Verhalten vermeiden können.

Sinn und Ziel einer Hundeschule sollte es sein, dass Sie nicht ewig dort bleiben, sondern auf das Leben neben/nach/außerhalb der Hundeschule vorbereitet werden. Auch, wie Sie mit Ihrem Hund außerhalb der Schule arbeiten und trainieren können usw.

Sehen Sie sich auch an, **wie der Trainer auf Streitereien unter den Hunden reagiert.** Wird er grob? Oder prügelt er sogar los? Geht er ängstlich zurück? Tut er nichts – und wenn ja, warum – kann er es erklären? Bei Welpen kommt es normalerweise nicht zu einer richtigen Keilerei, aber wenn eine Rauferei zu grob wird, sollte eingeschritten werden. Ist Ihr Hund darin verwickelt oder drängt er zu Ihnen und schnappt, sich verteidigend, nach dem anderen Hund, dann nehmen sie ihn am Halsband (nie auf den Arm) und halten den anderen Hund auf Abstand, schieben ihn jedes Mal mit einem klaren „Nein!" weg, so dass Ihr Hund seine Ruhe hat. Erklärt der Trainer Ihnen dann, dass ihr Hund aggressiv sei, weil er schnappt oder dass Sie das falsch machen, dann gehen Sie wieder und suchen nach einer anderen Schule, denn ein guter Hundetrainer müsste das besser wissen.

Eine weitere Möglichkeit ist ein **mobiler Hundetrainer.** Dieser wird sich zunächst mit Ihnen persönlich unterhalten, am besten bei Ihnen zuhause, da er nur dort einen unverfälschten Eindruck von Ihrem Hund bekommen kann. Zuerst sollte er immer Sie begrüßen und erst später den Hund. Ansonsten müssen Sie ein gutes Gefühl dabei haben, er muss Ihnen alles genau erklären können, auch anhand Ihres Hundes (z.B. er leckt sich gerade die Lefzen, weil Sie... und das bedeutet, dass...) usw.

Gut ist es immer, wenn der Trainer eigene Hunde hat und Sie diese eventuell sogar sehen können. Denn wie er mit seinen Hunden umgeht, so wird er es auch mit anderen handhaben. Und auch hier muss er erklären können was, warum und wie er macht, was er eben gerade macht. Ein guter Trainer sollte sein Wissen weitergeben wollen.

Sie sollten aber immer bedenken: So gut der Trainer sein mag, er kann Ihnen nur helfen, **wenn Sie mitarbeiten**, denn ein Trainer arbeitet, wie schon erwähnt, immer mit Ihnen – und nicht nur mit Ihrem Hund. Er lehrt Sie, mit Ihrem Hund zu arbeiten, vielleicht zeigt er Ihnen einige Übungen an ihm, aber nie arbeitet nur er mit dem Hund. Dies ist Ihre Aufgabe zu Hause.

Wie effektiv Ihr Training zu Hause war, sehen Sie dann in der Hundeschule, wenn Ihr Hund unter Außenreiz steht, weil ja andere Menschen und Hunde in der Umgebung sind. Seien Sie also nicht gleich enttäuscht, wenn Ihr Malamute zu Hause alles super kann und in der Hundeschule „versagt", er ist dann nur dem Außenreiz erlegen. Sie müssen dann eisern weiter trainieren (nicht gleich aufgeben, so sind Malamuten nun mal) und vor allem müssen Sie für Ihren Hund wichtiger werden – die liebe Bindung, Führung, Erziehung und das Wesen des Hundes entscheiden darüber, ob Ihr Hund Außenreizen erliegt oder nicht und selbst wenn er es tut: Das kann man trainieren.

von Sabrina Kowsky

Die Anfänge, damals noch mit Collie und meinem ersten Malamuten

18. Über die Autorin

Sabrina Kowsky lebt mit ihren beiden Alaskan Malamuten, Akhiro und Bandit, in Parkstetten (Bayern). Ihre Berufung sowie ihr Beruf ist Hundetrainerin und Hundeheilpraktikerin.

Hunde spielten bereits in meiner Kindheit eine große Rolle. Ob die erzogen waren, weiß ich nicht mehr; spielte damals auch keine Rolle für mich. Erziehung wurde für mich erst bei meinen eigenen Collie „Charly" wichtig, den ich aus dem Tierheim holte. Trotz Grunderziehung war er sehr ängstlich, also war ich hier erstmals gefordert.

In fünf Jahren Zusammenleben mit ihm, hatte ich dann einiges über Hunde gelernt, und, um Kosten zu sparen, mir auch vieles selber angeeignet. Ich machte vor allem die Erfahrung, dass es viele Erziehungsmethoden gibt – von denen viele aber auch ins Nichts führen. Von „zu weich" bis „zu hart", Erklärungen, die nicht viel Hintergrundwissen oder Bedeutung für mich hatten.

Als ich dann meinen jetzigen Ehemann kennenlernte, der zwei erwachsene Malamuten hatte, stand ich vor meiner nächsten großen Aufgabe: meinen alten Collie problemlos in eine „Hausmeute" zu integrieren – es funktionierte, alles lief friedlich ab, und dabei hatte ich gleich meine nächste Lektion gelernt: auch Nordische sind erziehbar, trotz ihrer nachgesagten Dominanz und Schwererziehbarkeit!

Ein Satz, der sich mir eingeprägt hat, war und ist mir beim Umgang mit Hunden (und Hundehaltern) sehr wichtig:

> *„Die Konsequenz der Inkonsequenz*
> *ist der größte Feind des Hundehalters".*

Wenn man sich eingehend mit der „Funktion" der Hunde bzw. rassespezifischen Eigenschaften befasst, funktioniert Erziehung, wie bei den Malamuten zu sehen war. Ich konnte ja gut vergleichen, denn bei meinem Collie war alles wesentlich einfacher.

Nachdem mein Collie leider verstorben war, konnte ich meinen ersten Malamutwelpen selber erziehen. Jetzt haben wir konsequente Freigänger oder Leistungsträger, denn im Winter wird wieder angespannt, da dürfen sie arbeiten; es sind ja schließlich Schlittenhunde. Und weil hier das Verletzungsrisiko doch höher ist, habe ich mich entschieden, selbst Tierheilpraktikerin speziell für Hunde zu werden.

Um alternative Erziehungswege, passend auch für andere Rassen kennen zu lernen und bei Verhaltensproblemen nicht nur von Naturmedizin abhängig zu sein, absolvierte ich in der hiesigen Hundeschule zusätzlich ein Praktikum als Hundetrainerin. Außerdem wurde ich beim Lernen von Heinrich Stahl maßgeblich unterstützt und habe mir ebenso Rat bei anderen Mushern geholt.

Meiner Meinung nach kann es nicht sein, dass schwierige Hunde sofort als aggressiv abgestempelt werden, nur weil es den Hundehaltern an Wissen und Erfahrung mangelt bzw. ihnen falsche Methoden vermittelt wurden. Es gibt kein „Schema F", weder in der Erziehung noch bei der Medikation. Jeder Hund ist individuell zu betrachten und zu behandeln. Damit setze mich intensiv auseinander und biete Lösungen an, die Hund und Mensch zu Gute kommen.

Ich absolvierte eine Weiterbildung zum Thema Tierpsychologie und bereite mich nun auf die Anerkennung als Sachverständige für Hundewesen (zur Erkennung der Gefährlichkeit von Hunden gegenüber Mensch und Tier) vor.

19. Schlusswort

Liebe Leserinnen, Liebe Leser,

nun sind wir also am Ende angekommen. Natürlich kann ich nicht jede Einzelheit und jedes Problem, das auftreten könnte, hier in aller Ausführlichkeit beschreiben, doch ich hoffe, dass Ihnen dieses Buch eine Hilfe ist.

Und natürlich gibt es zu jedem Thema geteilte Ansichten. Diesem Buch habe ich meine Meinung, Erfahrungen und persönliche Vorlieben zu Grunde gelegt, die auf einer sanften Erziehungsmethode beruhen.

Beim Thema Hund allgemein lernt man nie aus und daher sollten Sie Ihren Horizont ständig erweitern. Sie werden viele Meinungen und Erfahrungen hören und sollten immer für sich alleine entscheiden, was für Sie und Ihren Hund sinnvoll ist und was Sie umsetzen können und wollen. Letzten Endes bleibt mir nur, Ihnen alles Gute und möglichst viel und lange Freude mit und an Ihrem Hund zu wünschen!

Sollten Sie Hinweise, Ergänzungen, Kritik oder Fragen zum Buch oder Ihren Hunden haben, besuchen Sie die Webseite:

www.hundeheilpraktikerin-hundetrainerin.de
oder wenden Sie sich bitte per email direkt an
sabrina@tompunet.de

Danksagung

Ich möchte meinen Mann danken für seine Unterstützung und Hilfe beim Schreiben und beim Korrigieren, wenn meine Sätze wieder einmal so furchtbar kompliziert und lang geworden wären.

20. Literaturnachweise

1. Dr. Marianne Richter (2008):
www.eyevet.ch/pra.html

2. Geschäftsstelle der Nothilfe für Polarhunde e.V.,
86956 Schongau, Heinrich-Huber-Str. 3 (2005-2010):
www.polarhunde-nothilfe.com/Wissen/gesundheit/wissen_katarakt.htm
www.nothilfe-polarhunde.com
www.polarhunde-nothilfe.com/Hunde/hundestart.htm

3. Dr. med. vet. FVH Thomas Baumgartner (Hundemagazin 8/2000): www.kleintiermedizin.ch/hund/ed

4. ABC - TIERSCHUTZ (2004):
www.abc-tierschutz.de/gift_hunde.htm

5. L. David Mech, Paul C. Wolf, and Jane M. Packard (NRC Canada 1999): „Regurgitative food transfer among wild wolves" (S.1192-1195)

6. Aus dem Institut für Tierernährung der Tierärztlichen Hochschule Hannover, Annette Schultz (2003):
„Untersuchung zum Einfluss der Proteinqualität und -quantität im Futter auf die Harnzusammensetzung bei der Katze." INAUGURAL –DISSERTATION. Zur Erlangung des Grades einer Doktorin der Veterinärmedizin (Dr. med. vet.) durch die Tierärztliche Hochschule Hannover

7. Med. vet. Nicole Gautschi (o.A.):
www.hundeklub.de/themen/gesundheit/artikel/kastration-pro-und-kontra

8. Heinrich Stahl, Bahnhaus 1, 65520 Bad Camberg (o.A.): http://phpbb.sleddogfreak.net; 06434/37684 ww.sleddogfreakservice.de/html/seminare.html 0175/7267124

9. Patricia B. McConnel (Kynos Verlag; Nerdlen/Daun 2008): „Waldi allein zuhaus. - Wenn Hunde Trennungsangst haben."

10. Dr. Friedrich Knorr; Ingrid Seupel (VEB Deutscher Landwirtschaftsverlag; Berlin 1986): Aufzucht von Hunden

11. Urs Ochsenbein (Albert Müller Verlag; Rüschlikon-Zürich 1979): „Der neue Weg der Hundeausbildung"
S.L. Schäfer; B.R. Messika (Kynos Verlag; Nerdlen/Daun 2008): „B.A.R.F. Artgerechte Rohernährung für Hunde. Ein praktischer Ratgeber"

12. Dorit U. Feddersen-Petersen (Kosmos Verlag; Stuttgart 2008): „Ausdrucksverhalten beim Hund. Mimik, Körpersprache, Kommunikation und Verständigung"

13. Alex Gough; Alison Thomas (Elsevier GmbH München/ Urban & Fischer Verlag 2009): „Rassedispositionen bei Hund und Katze"

14. Dr. med. vet. Thomas Görblich (Autor); „Ein Herz für Tiere (Hrsg.) (Royal Canin o.A.): Erste Hilfe für Hund und Katze"

15. Wikimedia Foundation Inc.; P.O. Box 78350; San Francisco, CA 94107-8350; United States of America (Autor unbekannt, o.A.): http://de.wikipedia.org/wiki/Agility

16. „Klassische Konditionierung nach Pawlow" in:
Lehrtextsammlung der Abteilung für Pädagogik &
Pädagogische Psychologie am Institut für Pädagogik und
Psychologie der Johannes Kepler Universität Linz (o.A.):
http://paedpsych.jk.uni-linz.ac.at:4711/LEHRTEXTE/
LERNEN/klassi.htm

17. Sylvia Dauborn (Sonntag Verlag; Stuttgart 2004):
„Lehrbuch für Tierheilpraktiker"

18. Linda Medlau; Keith A. Hnilica (Elsevier GmbH München/
Urban & Fischer Verlag 2006): „Dermatologie in der Kleintierpraxis. Atlas und Therapiehandbuch"

19. Silvia Dauborn (Sonntag Verlag; Stuttgart 2007):
„Basiswissen für Tierheilpraktiker. Innere Medizin"

20. Der Abdruck des FCI-Rassestandards im Wortlaut
erfolgt mit freundlicher Genehmigung durch:

AMCA
Alaskan Malamute Club of America, Inc.
Address: 640 E 50 N, HYRUM, UT , 84319-1454
www.alaskanmalamute.org

sowie des

AKC
American Kennel Club
260 Madison Avenue, 4th floor
New York, NY 10016
www.akc.org

*Dieses Buch ist auch als ebook unter dem selben Titel
lieferbar mit der ISBN 978-3-935259-86-6*

2. erweiterte Auflage März 2012
© 2010/2011 worthandel : verlag, Dresden
Gestaltung, Satz, Lektorat & Korrektorat : Enrico Keydel
Umschlaggestaltung : Enrico Keydel unter Verwendung
eines Fotos von Sabrina Kowsky
Alle im Buch verwendeten Fotos © by Sabrina Kowsky

Die Verwertung dieses Textes, insbesondere
Vervielfältigung, Sendung, Aufführung, Übersetzung,
auch auszugsweise, ist ohne schriftliche Genehmigung
durch den Verlag urheberrechtswidrig.

Alle Rechte vorbehalten.
www.worthandel.de
ISBN 978-3-935259-85-9

Rechtlicher Hinweis (Haftungsauschluß): Alle in diesem Buch gemachten Angaben wurden nach bestem Wissen und Gewissen niedergeschrieben und beziehen sich auf eigene Erfahrungen oder sorgfältige Recherche der Autorin. Dennoch können für Schäden, die durch Nachahmung der hier gemachten Ratschläge entstehen, weder der Verlag noch die Autorin haftbar gemacht werden.

„Alaskan Malamute -
Ein kompakter Ratgeber zur sanften Erziehung,
Haltung, Fütterung und Pflege"

ist auch als ebook lieferbar
ISBN 978-3-935259-86-6

www.worthandel.de